Syniad Da

Y bobl, y busnes – a byw breuddwyd

TYDDYN SACHAU
– TYDDYN Y BLODAU

Argraffiad cyntaf: 2014

Rhif rhyngwladol: 978-1-845274-764

Mae'r cyhoeddwr yn cydnabod cefnogaeth ariannol
Cyngor Llyfrau Cymru

Cynllun clawr: Sion Ilar

Cyhoeddwyd gan Wasg Carreg Gwalch,
12 Iard yr Orsaf, Llanrwst, Conwy, LL26 0EH.
Ffôn: 01492 642031 Ffacs: 01492 641502
e-bost: llyfrau@carreg-gwalch.com
lle ar y we: www.carreg-gwalch.com

TYDDYN SACHAU
— Tyddyn y Blodau

Golygydd:
Rhian Jones

Brian Ferris

*Cyflwynedig
er cof am
Brian Ferris*

1937 – 2012

Eleri, Llion, Stuart, Ceri a Nancy

Y genod yn brysur yng Nghaffi'r Tyddyn

Gair i gyflwyno

Sut olwg sydd ar yr ardd acw tybed? Oes ganddoch chi lawnt werdd berffaith a blodau lliwgar yn y gwlâu o amgylch? Efallai mai perllan sydd gennych a honno'n cynhyrchu pwysi o ffrwythau yn eu tymor? Neu efallai mai gardd mewn potiau sydd gennych o amgylch y tŷ? Ond pa fath bynnag o ardd sydd acw, mae siawns go lew os ydych yn un o drigolion Llŷn ac Eifionydd, eich bod wedi ymweld â chanolfan arddio lwyddiannus gyfagos i ddiwallu eich anghenion garddwriaethol. Canolfan Arddio Tyddyn Sachau, ar gyrion pentref y Ffôr, fyddai honno. Dyma feithrinfa deuluol sydd bellach wedi hen ennill ei phlwyf ymhlith y canolfannau garddio ac yn un sydd yn mynd o nerth i nerth. Erbyn heddiw, mae hi dan ofal Stuart Ferris a'i bartneriaid ac sydd wedi'i datblygu i gynnwys tŷ bwyta, siop ac ystafell gyfarfod. Ond nid canolfan arddio oedd hi'n wreiddiol fel y cewch weld. Rŵan, eisteddwch yn gyfforddus yn y gadair haul 'na yn yr ardd wrth y llwyn rhosod a darllenwch hanes Tyddyn Sachau!

* * *

Meithrin gwreiddiau

Mae perthynas dyn â'i ardd yn un nas gellir ei dyddio'n benodol. Yr ardd gyntaf sy'n neidio i'r meddwl mae'n debyg ydi Gardd Eden fel y darllenir amdani yn Llyfr Genesis:

'A phlannodd yr Arglwydd Dduw ardd yn Eden, tua'r dwyrain; a gosododd yno y dyn yr oedd wedi ei lunio.'

I bob pwrpas, mae'r disgrifiad o Ardd Eden yn nodweddu y dull cynharaf o arddio sef garddio coediog yn benodol ar gyfer cynhyrchu bwyd. Y tebyg yw i leoedd agored ddechrau cael eu amgau tua 10,000 CC er mwyn gwarchod rhag anifeiliad gwylltion ac ysbeilwyr. Amaethu'r tir oedd hyn mewn gwirionedd er mwyn amddiffyn y cynnyrch a'r anifeiliaid oddi mewn. Cyfeiriodd Ceiriog yn ei gerdd i'r *Arad Goch* at yr un peth a'i galw'n 'Grefft gyntaf dynol ryw'. Datblygwyd y syniad ymhellach yng Ngorllewin Ewrop yn ddiweddarach drwy gynllunio tirwedd, sicrhau cyflenwad dŵr, creu parciau cyhoeddus ac yn y blaen. Cam naturiol oedd hi wedyn i unigolion cyfoethog ddechrau creu gerddi yn benodol ar gyfer pwrpas estheteg a'r gweledol. Er nad oes tystiolaeth iddynt erioed fodoli, anfarwolwyd Gerddi Crog Babilon fel un o saith rhyfeddod y byd.

Ymledodd y syniad o ardd hyfryd drwy Ewrop wedyn, heb sôn am yr hyn oedd yn digwydd yng ngwledydd y dwyrain yn arbennig felly yn China a Siapan. Mae'r dull nodedig o arddio a geid yn China a Siapan wedi parhau hyd heddiw ac maent yn hynod o bensaernïol eu cynlluniau ac yn erddi sy'n gofyn am waith hynod o fanwl a chyson. Nid gerddi i'r garddwr tywydd braf yn unig ydyn nhw'n sicr!

Un carfan o bobl fu'n ganolog i ddatblygiad garddio led led Ewrop ydi'r mynachod – yn arbennig felly yn ystod yr Oesoedd Canol. Byddai'r ardd fynachaidd yn cynnwys gwahanol adrannau megis gardd cegin, gardd feddyginiaethol, perllannau a gwinllannoedd. Arferai'r mynachod ddefnyddio eu perlysiau i drin pob math o glefydau boed at eu defnydd eu hunain neu'r gymuned ehangach tu allan i furiau'r fynachlog. Onid perlysiau bach di-nod a sicrhaodd lwyddiant Meddygon Myddfai? Dyna Anne Griffith neu Feddyges Bryn Canaid, Uwchmynydd, Aberdaron wedyn – hen wraig gwbl anllythrennog o'r bedwaredd ganrif ar bymtheg, oedd yn nodedig am wella pob math o gyflyrau meddygol yn defnyddio blodau a llysiau i wella gwahanol anhwylderau drwy ddefnyddio planhigion dyfai o gwmpas ei bwthyn. Defnyddiai drwyth wedi ei wneud o fysedd y cŵn a dŵr glaw i wella afiechydon y galon. Sut y gwyddai hi fod y blodyn hwn yn cynnwys y cyffur *digitalis* a ddefnyddir hyd heddiw at anhwylderau'r galon?

Gyda dyfodiad y Dadeni Dysg datblygwyd gerddi preifat yn yr Eidal ac agorwyd y gerddi cyhoeddus cyntaf gan y frenhiniaeth Sbaenaidd yn yr unfed ganrif ar bymtheg yn Ewrop ac America. Roedd yr arferiad yn sicr o gyrraedd Prydain a'r byddigions oedd yn gyfrifol am hynny yn y Canol Oesoedd.

Esgorodd Mudiad Rhamantaidd y ddeunawfed ganrif wedyn ar ddatblygiad gerddi ffurfiol a dyfodiad tirlunwyr gerddi megis William Kent a Capability Brown. Doedd dim diwedd arni wedi hynny a gwelwyd dyfodiad garddwyr nodedig a'u dull arbennig o arddio fel Gertrude Jekyll yng Nghoedwig Munstead yn Swydd Surrey yn ystod y bedwaredd ganrif ar bymtheg a dilynwyd hi wedyn gan bobl fel Edwin Lutyens a Vita Sackville-West yng Nghastell Sissinghurst, Swydd Caint. Yn y pen hwn o'r byd, aeth y chwiorydd Keating hwythau ati i adfer gerddi arbennig Plas yn Rhiw ym mhedwar degau'r ganrif ddiwethaf gan drosglwyddo'r eiddo a'r holl dir i'r Ymddiriedolaeth Genedlaethol fel y gall y cyhoedd bellach grwydro drwy'r gerddi a chael eu hysbrydoli o bosibl i fynd ati i greu eu paradwys eu hunain. Gall Cymru yn ogystal ymfalchïo yn eu garddwyr – pobl nodedig fel J. E. Jones, Richard Bowering, Clay Jones heb sôn am gymeriadau fel Medwyn Williams o Sir Fôn ac yn ddiweddar, Russell Jones o Rosgadfan.

Bellach mae garddio'n ffordd o fyw ac yn fara beunyddiol i lawer un ac yn ddiddordeb ysol gan lu o bobl. Yn ychwanegol at hynny, mae garddio hefyd yn ffordd o ymlacio a chadw'r corff yn iach a heini yn ogystal â bod yn bleser gweledol, esthetaidd. Mae'n rhoi bodlonrwydd i bobl o weld eu bod wedi gallu tyfu gardd yn llawn o flodau neu lysiau neu hyd yn oed y ddau!

'Plannu gardd yw plannu hapusrwydd' meddai hen ddihareb Tsieiniaidd, a gwir y gair. Ond mae'n rhaid cael yr hadau, y planhigion, yr offer ac yn y blaen o rywle i gael cychwyn arni a lle gwell na chael canolfan ar garreg y drws megis Canolfan Arddio Tyddyn Sachau!

Rhian Jones
Ionawr 2014

Tyddyn Sachau

Ar gyrion pentref y Ffôr ar y ffordd i Bwllheli mae canolfan arddio lewyrchus a chaffi prysur gyda'r enw difyr Tyddyn Sachau. Mae'r enw Tyddyn Sachau ynddo'i hun yn un diddorol a sawl un wedi holi o ble yn union y daeth yr enw. Hyd y gwyddys, dim ond dau le yng Nghymru sy'n bodoli â'r enw Tyddyn Sachau arnynt, sef yr un yma ac un yn Llanarmon-yn-Iâl. I ddweud y gwir, tipyn o ddirgelwch ydi tarddiad yr enw a fedr rhywun ddim ond dyfalu!

Yn wreiddiol, dau ddyddyn bach yn eiddo i stâd Broom Hall ger Abererch, oedd yno ac fe'u hadwaenid yn ystod dechrau'r ugeinfed ganrif fel Tyddyn Sachau No. 1 a No. 2! Tybed oedd a wnelo y 'sachau' rywbeth â fferm Hen Bandy i lawr y lôn o Dyddyn Sachau? Efallai fod angen sachau i gario gwlân yno i'w drin? Arferai mam Mr Rhys Jones, Llangian, y ddiweddar Mrs Myfanwy Jones (ganedig Gough), fyw yn Nhyddyn Sachau o 1914-1924. Bu Mrs Jones farw yn 2011 yn ei naw degau, ond dywed Mr Jones fod ganddo ryw atgof o'i fam yn dweud iddi sôn pan oedd hi'n hogan fach, am ddyn fyddai'n gwnïo sachau yn byw yn ymyl. At ba ddiben roedd o'n gwnïo sachau tybed ac ai ar ei ôl o yr anfarwolwyd y lle? Go brin hefyd, gan fod cofrestr claddu plwyf Abererch yn nodi i ryw John Pritchard o Dyddyn Sachau gael ei gladdu yno yn 1820 yn 77 oed.

Yn ystod y bedwaredd ganrif ar bymtheg roedd wyrcws yn nhref Pwllheli. Roedd hi'n arferiad i anfon gwaith o'r wyrcws allan i bobl eraill o bryd i'w gilydd. Gwneud sachau oedd un o dasgau trigolion y wyrcws. Awgryma'r Athro Hywel Wyn Owen o Brifysgol Bangor ei bod hi'n bosibl bod rhywfaint o'r gwaith gwneud sachau wedi'i anfon i Dyddyn Sachau, ond heb dystiolaeth uniongyrchol ni ellir cadarnhau cysylltiad â'r wyrcws ym Mhwllheli. Gan mai rhan o stâd

Broom Hall

Broom Hall oedd Tyddyn Sachau, mae'r Athro Owen yn dweud ei bod yn fwy tebygol mai un o weithwyr y stâd oedd yn byw yno ac mai un o'i orchwylion o neu hi oedd gwneud sachau sy'n rhoi mwy o gefnogaeth i hanesyn Mrs Jones y cyfeiriwyd ato yn y paragraff diwethaf. Beth bynnag yw tarddiad yr enw, mae'n sicr yn ddiddorol.

Gwerthwyd y rhan helaeth o diroedd Broom Hall yn 1946/47 i'r tenantiaid gyda gweddill y tir yn mynd ar ocsiwn. Prynwyd Tyddyn Sachau gan David Owen ar ran ei fam, oedd yn byw ar y tyddyn. Mae cysylltiad yma â Londri Afonwen, fel y cyfeirir at y lle ar lafar gwlad ac sydd bellach yn fusnes lleol llwyddiannus iawn. Sefydlwyd y busnes yn wreiddiol yn 1935 gan William George, brawd David Lloyd George, a dau bartner busnes arall, un ohonynt yn bregethwr! Ymunodd David ac Elsie Owen wedyn fel rheolwyr ar y londri yn 1938 cyn iddynt ei brynu yn ystod yr Ail Ryfel Byd. Pery Mr Owen i fyw yn Nhyddyn Sachau ac yntau bellach dros ei ddeg a phedwar ugain oed.

Difyr yw nodi o'r gweithredoedd mai Broom Hall oedd berchen y beipen ddŵr a osodwyd o bentref y Ffôr i lawr at y plas ei hun, gan mai hwy oedd y tirfeddianwyr ac o ganlyniad fod y cyflenwad dŵr i'r holl ddeiliad ar eu tiroedd i fod am ddim. Roedd hyn yn cynnwys Tyddyn Sachau a rhes gyntaf tai cyngor Stâd Cae Gromlech, Y Ffôr – roedd y rhes dai tu cefn yn gorfod talu am eu dŵr i'r Bwrdd Dŵr! Bodolodd y trefniant hwn tan yn ddiweddar iawn gan brofi'n fanteisiol tu hwnt i ganolfan arddio. Llwyddodd y Bwrdd Dŵr i wyrdroi geiriad y trefniant wedi i'r mater fynd drwy lys barn!

Bellach mae Tyddyn Sachau yn enw sy'n wybyddus ym maes garddio ac yn awr dyma gyfle i gael gwybod mwy am y teulu Ferris eu hunain, gan ddechrau gyda Nancy Ferris.

Tyddyn Sachau o'r awyr cyn dyddiau'r caffi – 2008

Nodyn gan Nancy

Merch y Crown, Llanystumdwy ydw i a'm enw bedydd oedd Nancy May Jones. Mae gen i ddwy chwaer sef Margaret a Glenys. Mynychais Ysgol Gynradd Llanystumdwy ac yna Ysgol Eifionydd ym Mhorthmadog, rhwng 1951 ac 1955. Wedi gadael yr ysgol, euthum i weithio yn bymtheg oed i Fferyllfa Owen Parry ym Mhorthmadog. Bûm yno am ddwy flynedd cyn mynd at siop bapur newydd Mathew Roberts yng Nghricieth oedd yn cael ei chadw gan ei fab-yng-nghyfraith, Mr Litherland. Wedi dwy flynedd yno, euthum i weithio i Gaffi Gwyndy, Llanystumdwy, cyn cael swydd yn Londri Afonwen yn 1959.

Fe wnes i gyfarfod Brian i gychwyn mewn caffi ym Mhwllheli sydd ddim yn bodoli bellach. 'Caffi Expresso' oedd ei enw ac erbyn heddiw siop *Cloth World* ar Ffordd Caerdydd ydi hi. Wel rhyw ddiwrnod, pwy oedd yn y caffi ond y llanc ifanc pryd tywyll 'ma oedd yr un ffunud ag Elvis Presley – y duw roc a rôl ei hun! Tarodd saeth o fwa'r hen Eros fi syth, ond fel oedd yr arferiad yn y dyddiau hynny, dim ond siarad wnaethon ni'n dau! Roedd yno jiwc bocs a byddwn i a fy ffrind pennaf Beryl, hefyd o Lanystumdwy, wrth ein boddau'n mynychu'r caffi a chael gwrando ar yr 'hits' diweddaraf. Mae Beryl a fi wedi parhau'n ffrindiau agos ac mae hi bellach yn byw yng Nghaernarfon gyda'i gŵr, Glyn Robinson. I ddweud y gwir, mae Beryl a fi fel dwy chwaer. Ers talwm, roeddem yn tueddu i wisgo yr un math o ddillad ac ar ein hanner diwrnod o Gricieth, aem i Bwllheli am swae! Cofiaf yn dda i'r ddwy ohonom brynu blêsyr bob un o liw 'Royal Blue' mewn siop yng Nghricieth, gan dalu amdanynt bob yn hyn a hyn ar ôl cynilo rywfaint o'n cyflogau. Yn wir, roeddem yn meddwl mai ni oedd y 'Bees Knees' chwedl y Sais. Edrychem fel pâr o efeilliaid!

Bob nos Sul yn ystod yr haf, byddem yn arfer mynd i ganu emynau ar y prom yng Nghricieth – arferiad sydd bellach wedi diflannu, ond a oedd yn boblogaidd iawn ers talwm ac yn dynfa i lu o bobl o bob oed o Lŷn ac Eifionydd. Pwy oedd yno un noson ond Brian a gofynnodd yn barchus reit os câi o fy nanfon adref yn fan Tyddyn Sachau! Ni phetrusais ddim ac i ffwrdd â ni yn y fan! Bu sawl dêt ar ôl hynny ac mae'r gweddill yn hanes fel maen nhw'n deud!

Priodi a setlo

Priodwyd Brian a fi ar Orffennaf 16eg, 1961 yn Eglwys Ynyscynhaearn, Pentrefelin. I'r rhai sy'n gyfarwydd â dyddiadau penodol, mae 15fed Gorffennaf , yn draddodiadol yn Ddydd San Swiddin. Hwn ydi'r dydd i broffwydo'r tywydd am rai wythnosau i ddod ac sydd wedi esgor ar y dywediad: 'Glaw ar ddydd San Swiddin – deugain i ddilyn'. Rhaid fod rhyw sail i hyn achos roedd hi'n bwrw glaw'n ofnadwy ddiwrnod cyn y briodas! Cafwyd mellt a tharanau'n ystod y nos a dw i'n cofio'n iawn i mi ddweud wrth Mam mai rhybudd gan Dduw oedden nhw! Roedd gen i

Diwrnod priodas Brian a Nancy, Gorff.16eg. 1961

gymaint o ofn taran fel yr es i gysgu at fy chwiorydd! Ond daeth haul ar fryn ar y diwrnod mawr ei hun a threuliodd Brian a fi flynyddoedd dedwydd iawn yn ŵr a gwraig gan ddathlu ein priodas aur yn 2011.

Mudo o fath!

Ymgartrefu mewn carafan ar dir Tyddyn Sachau wnaethon ni cyn yr adeiladwyd Arfryn ac yno'r ydw i o hyd. Estyniad ar

Y Garafan – cartref cyntaf Brian, Nancy a Jeff

hen dŷ gwreiddiol Tyddyn Sachau ydi Arfryn – yn wir, hwn oedd y cwt mochyn gwreiddiol! Gadewais fy ngwaith yn Londri Afonwen wedi geni y cyntaf o'n tri mab yn 1963 a buom ill tri yn y garafan hyd nes oedd Jeff yn ddeunaw mis. Cawsom symud i'r tŷ wythnos cyn y Nadolig. Y diwrnod arbennig hwnnw, roedd y 'block floor' yn yr ystafell orau a'r pasej wedi cael ei baentio â farnais a doedd fiw cerdded arno nes roedd yn gwbl sych. Medrwn gamu gyda pheth gofal o'r gegin yn syth ar y ris gyntaf i'r llofft, ond roedd yn gwbl amhosibl gwneud hyn gyda Jeff yn fy mreichiau. Pan ddaeth yn amser rhoi Jeff yn ei wely, wyddwn i ddim beth i'w wneud. Nid oes gennyf gof ble'r oedd Brian ar y pryd a doedd dim amdani ond gofyn i Maldwyn Humphreys – Maldwyn Tarw Potal i ffermwyr yr ardal – oedd yn byw dros y ffordd, i ddod i fy helpu. Bu'n rhaid iddo basio Jeff i mi o'r drws ffrynt i waelod y grisiau! Cael a chael oedd hi gyda Maldwyn yn ymestyn hynny fedrai o riniog y drws a finnau wedyn yn estyn fy mreichiau hyd yr eithaf i dderbyn Jeff! Diolch i drefn roedd y llawr wedi sychu erbyn drannoeth!

Adeiladu Arfryn – tua 1965

Nancy, Jeff a Brian

Nancy a Stuart yn 1967

Granma Ferris

Tra oeddwn yn magu teulu, bu mam Brian yn help garw i mi. Roedd hi'n wraig dawel, hynod o garedig ac yn weithgar iawn tra oeddem yn sefydlu Canolfan Arddio Tyddyn Sachau. Nid oedd dim yn ormod o drafferth ganddi. I ddweud y gwir, roedd hi'n difetha Jeff yn rhacs. Bob tro byddai'n mynd i'r dre, byddai'n prynu tegan i Jeff sef 'Dinky Toy' oedd yn hynod o boblogaidd yn y cyfnod. Un diwrnod wedi iddi fod yn siopa dyma hi'n estyn 'Dinky Toy' arall o'i bag a'i roi i Jeff. Edrychodd yntau arno a gofyn yn ddigywilydd reit:

'Dyna 'di'r cwbwl dw i'n ga'l?'

Wel mi wylltiais yn gandryll hefo fo a dweud wrth Granma Ferris, fel roeddem yn ei galw – Nain Llanystumdwy oedd fy Mam i – nad oedd i brynu'r un tegan iddo eto! Dysgodd Jeff ei wers yn sicr i chi. Cofiwch ar y llaw arall, mae'n bosib mai'r teganau hyn a ysgogodd ddiddordeb Jeff mewn peiriannau ac mai dyna pam mai dreifio tancer olew mae o heddiw!

Nancy, Jeff a Nain Ferris   *Mabel a Fred hefo Jeff*
– yr ŵyr bach newydd

Jeff a'i 'Granma Ferris' –Awst 1967

Yn y dyddiau cynnar, newydd i ni briodi, roedd cwpwl o'r enw Gordon a Margaret Moore yn byw drws nesaf i Arfryn. Gwyddelod oedden nhw – un yn Brotestant a'r llall yn Gatholig. Dw i'n cofio nhw'n ffraeo'n ofnadwy ar gownt eu crefydd ac yn eu clywed nhw'n glir o Arfryn! Bore trannoeth ar ôl ffrae, caem sgwrs gymdogol dros glawdd yr ardd a fyddech chi ddim yn gallu dweud fod y ddau wedi bod yng ngyddfa'i gilydd bron iawn y noson gynt! Symudon nhw i weithio i Wersyll Bytlins yn Bognor Regis ymhen amser. Tybed beth ddaeth ohonynt?

Person tawel a gweithgar iawn fel ei dad oedd Brian. Nid oedd ganddo ddiddordeb neu hobi fel y cyfryw – Tyddyn Sachau a'r teulu oedd ei fywyd. Byddai'n hoff o ddilyn hynt a helynt tîm pêl-droed Wolves er nad oedd yn un am fynd i'w weld yn chwarae. Ei unig gyrchfan wedi priodi fyddai picio lawr i'r dre yn ddeddfol bob nos Lun i hen westy'r West End am beint a chwarae snwcer gyda thri o'i fêts o'r Ffôr – Hywel neu (Hyw Bach), y diweddar Ses, (Cecil Owen), Emlyn Jones (Pant Glas, Bryngola) a Now Dre.

*Y pum ffrind yn 1959 – rhes ffrynt o'r chwith,
Emlyn, Now Dre,' Hywel, rhes gefn – Ses a Brian*

Roedd Brian yn un da am chwarae snwcer ac fe enillodd ambell i darian yn ei ddydd.

Byddai'r pum ffrind yn arfer mynychu West End cyn i Brian a fi briodi hefyd ac yn ôl Hywel, roedd yn well ganddynt fynd yno rhag i rywun eu gweld yn nhafarnau Pwllheli ei hun! Byddai rhieni'r cyfnod wedi gwgu pe clywent fod eu meibion yn mynychu tai potas meddai Hywel! Aeth y pum ffrind hefo'i gilydd ar wyliau i Blackpool pan oeddent yn ddeunaw oed a chael coblyn o hwyl yn ôl sôn.

Byddai Brian a minnau'n mynd ar wyliau hefo ffrindiau wedi i'r hogiau adael y nyth er nad oedd o'n hoff iawn o adael ei gartref. Dyn ei filltir sgwâr oedd o, ond eto, ar ôl cychwyn, byddai'n mwynhau ei hun. Lle bynnag yr aem, byddai Brian o hyd yn meddwl beth fyddai'n digwydd gartref, yn enwedig os clywai fod tywydd mawr ar y ffordd. Pryderai am dai gwydr Tyddyn Sachau os oedd sôn am

wyntoedd cryfion! Yn yr Hydref
y byddem yn mynd gan amlaf a
hynny i chwilio am yr haul yn
Sbaen a Florida – wythnos i
gychwyn ac wedyn dechrau
mynd am ddeng niwrnod ac
erbyn y diwedd byddai'n fodlon
dod am bythefnos. Dorothy a'r
diweddar Gwynfor Hughes,
'Dwyfor Cafe', fyddai'n dod
hefo ni. Roedd Brian yn gweld
colli Gwynfor yn arw ar ôl iddo
farw. Byddai'r ddau'n arfer
treulio'r amser yn crwydro hwnt
ac yma yn lle bynnag byddem yn
aros a ni'r merched yn torheluo
ar lan y môr.

Teulu Tyddyn Sachau
ar gychwyn am dro tua 1969

Brian a Nancy

Rydw i wedi bod yn ffodus iawn yn cael criw o ffrindiau gwerth chweil. Os oedd gan Brian ei fêts, wel mae gen inna' hefyd! Mae Gwenda, Elinor, Barbara a Dorothy wedi bod yn ffyddlon iawn i mi. Ar ôl i ni briodi, arferem fynychu clwb y 'Gwragedd Ifanc' yn Llanystumdwy. Ymhen amser, daeth y clwb i ben, ond fe wnaeth y pump ohonom benderfynu dal ati i gyfarfod ar y trydydd nos Fercher ym mhob mis yn nhafarn Glandwyfach ger Bryncir. Nid oes yr un mis wedi mynd heibio ers un mlynedd a deugain nad ydym wedi llwyddo i gyfarfod.

Ers yn ifanc, roedd Brian wedi gwirioni ar Elvis Presley ac yn gwybod pob un o'i ganeuon. Gwireddodd ei freuddwyd o gael mynd i Memphis hefo'i ffrind Hywel yn 2003. Mwynhaodd y ddau eu hunain yn fawr iawn yn ymweld â'r lleoedd oedd yn gysylltiedig ag Elvis megis ei gartref yn Graceland. Un stori dda ges i ganddynt ar ôl iddynt ddychwelyd adref oedd yr anffawd ddigwyddodd i Hywel mewn gwesty. Roedd y ddau wedi cael ystafell 'en-suite' ar yr wythfed llawr. Cododd Hywel yng nghanol nos i fynd i'r lle chwech ac am ryw reswm, os nad oedd o'n meddwl ei fod adref yn Awelfryn, aeth allan i'r lle chwech ar y coridor. Wrth gwrs pan ddychwelodd roedd drws yr ystafell wely wedi cloi. Bu'n cnocio'n ddyfal a sibrwd yn uchel am hydoedd ond fedrai'n ei fyw ddeffro Brian. Roedd yn ei glywed yn chwyrnu'n uchel drwy'r drws. Doedd dim amdani ond mynd lawr at y dderbynfa a hynny yn ei drôns! 'Embaras, hwnna ydi o!' chwedl Ifans y Tryc. Wedi dychwelyd adref, daeth yr hanes i glyw y diweddar Glyn Roberts, Pwllheli na fu o fawr o dro yn cyfansoddi rhes o benillion am yr anffawd! Dyma i chi flas:

Dyrnodd y drws a bloeddio
'O helpa fi, 'rhen Brei',
Ond chwyrnu a wnâi Brian
Mewn breuddwyd yn bei-bei.

Cerddodd yn llawn cywilydd
I gyntedd yr hotel,
A'r ferch fach yn Reception
A sgrechiodd, 'Blydi Hell!'

Dychrynodd fwy pan gerddodd
Y creadur ati'n nes,
'God Bless America,' meddai
'It's come from outer space!'

Rhyw swyddog ddaeth o'r diwedd
A chwarddodd, do yn wir,
Deallodd be ddigwyddodd
I berchen y trôns hir!

Bu'r penillion hyn yn fodd o chwerthin i Brian a Hywel am oesoedd ac yn wir pan aem ar wyliau gyda'n gilydd gyda chwmni Caelloi neu Seren Arian, byddai'r ddiweddar Phoebe, gwraig Hywel, yn eu hestyn o'i bag llaw ac yn eu hadrodd ar y býs er mawr ddifyrrwch i bawb!

Ymhlith trysorau Brian, roedd cloc Elvis ac yn wir, mae hwnnw wedi ei gladdu gydag o. Pan ddaeth diwrnod ei gynhebrwng, roedd Brian eisoes wedi trefnu popeth yn ystod ei waeledd a'i ddymuniad oedd cael Elvis yn canu 'Rock around the clock' ar ddiwedd y gwasanaeth angladdol. Er hynny, teimlem ill dau nad oedd yn ryw addas iawn i wasanaeth angladdol a'r ail ddewis gafwyd sef 'Love me Tender'. Ond wir i chi, cafodd Brian ei

Brian a Candy,
yr hen ast ffyddlon

ddymuniad cyntaf! Wedi danfon yr arch i'r hers, nid oedd yr ymgymerwr wedi sylweddoli nad oedd ganddo ddigon o amser i gyrraedd yn ôl i mewn i gyntedd yr eglwys i ddiffodd y peiriant D.V.D. ar derfyn y gân cyn i'r nesaf gychwyn. A beth gafwyd? Ia, 'Rock around the clock' yn atseinio drwy Eglwys Llannor. Daeth â gwên i wynebau cynulleidfa syber a gwn iddi beri i Brei wenu hefyd!

Traed Aflonydd

Yr ydw i erioed wedi bod yn hoff o grwydro a gweld y byd. Mae'n siŵr fod mwy na diferyn o waed sipsi ynddo i yn rhywle! I ddweud y gwir, roeddwn eisiau ymfudo i Awstralia pan oedd Jeff yn fabi ond doedd Brian ddim yn fodlon. Efallai mai dyna pam rydw i'n dal i grwydro. Byddaf wrth fy modd yn mynd yn griw o ferched a chael sbort iawn. Erbyn hyn, yr wyf wedi cael iechyd i deithio a gweld tipyn go lew o'r hen fyd yma, a hynny hefo Cwmni Gwyliau Seren Arian gan amlaf. Ymhlith y gwledydd y bûm ynddynt mae Awstralia (ddwy waith), Seland Newydd, Canada, China, Fiji, De Affrica, yr Unol Daleithiau, Brasil a llawer o wledydd yn Ewrop yn ogystal â chrwydro Prydain hwnt ac yma! Hefo fy ffrindiau Elma a Gwen y bûm yn Brasil. Byddai Brian wedi hoffi dod ar y daith hon er mwyn cael gweld carnifal enwog Rio, ond oherwydd fod fy ffrindiau'n dod hefyd, penderfynodd aros adref oherwydd gwyddai y byddai'n anodd byw hefo criw o ferched swnllyd yn mwynhau eu hunain!

Cefais brofiad rhyfedd iawn tra ymwelais â Jasper yng Nghanada. Daeth dyn dieithr a'i wraig i mewn i'r gwesty lle'r oeddem yn aros. Coeliwch neu beidio, Cymraes oedd ei wraig ac wedi dechrau siarad â hi, deallais iddi fod yn byw yn Nhyddyn Sachau ar un cyfnod cyn ymfudo! Mae ganddi berthynas yn y Ffôr o hyd sef Alun Williams, neu Alun Siop i mi. Byd bach yndê!

Cefais brofiad eithaf tebyg tra'n Awstralia hefyd. Roedd ffrind i Diane o Gwmni Seren Arian i fod i'w chyfarfod yno, ond oherwydd galwadau eraill, roedd wedi methu dod ac wedi anfon ffrind arall iddi. Wyddoch chi mai merch o'r Ffôr oedd honno'n enedigol ac mai ei diweddar dad, Dan Lewis a'i gwmni o ardal Harlech a Stiniog, adeiladodd dai stâd Tŷ'r Gof yn ystod saithdegau'r ganrif ddiwethaf! Roedd yn gweithio yno fel nyrs.

Y Bwda Lwcus
Tybed faint ohonoch chi sy'n casglu cof-roddion? Tra oeddwn ar wyliau'n Beijing yn China yn 2002 gyda Hywel a'i fab Aled a ffrind arall i mi, cyfeiriodd hi fi at ddelw bychan o'r Bwda Tsieiniaïdd mewn ffenest siop a dweud ei fod yn beth lwcus i fod yn berchen un yn enwedig os byddwch yn rhwbio'i fol yn ddyddiol! Gan mod i'n dueddol o fod yn berson ofergoelus braidd, roedd yn rhaid i mi brynu un pan glywais y gair 'lwcus'! Prynais un bach, cywrain, wedi'i gerfio mewn marmor a phan ddeuthum adref, rhwbiais ei fol a phrynais docyn ar y Loteri Wyddelig ac ennill mil o bunnau! Wel doedd dim diwedd arni ar ôl hynny ac rydw i wedi parhau i brynu delwau o'r Bwda ym mhle bynnag y gwelaf hwy ac yn dal i ennill arian o bryd i'w gilydd ar y loteri! Erbyn hyn mae gen i gasgliad o dros ddau gant ac mae'n siŵr mai fi ydi'r unig ddynes yng Nghymru os nad Prydain, sy'n deffro hefo dros ddau gant o ddynion bob bore ac yn cael rhwbio eu boliau! Fedrai Brian ddim dioddef y Bwdas gan ei fod yn eu gweld yn bethau hyll ar y naw. Erbyn hyn, mae Malcolm, y mab ieuengaf yn eu casglu hefyd.

Wrth sôn am gasglu pethau, gwendid mawr arall gen i ydi prynu bagiau llaw – wel bagiau dros ysgwydd i fod yn fanwl gywir. Rydw i wedi colli cyfrif ar faint sydd gen i bellach. Cefais sioc ychydig yn ôl pan ddeuthum ar draws dau fag roeddwn wedi'u prynu ryw dro ac erioed wedi'u defnyddio!

Sobor de! Synnwn i ddim na fedrwn i agor siop hefo'r holl fagiau sydd yn fy meddiant. Wedi meddwl hwyrach y basa fo'n syniad da ail enwi'r lle yma yn Tyddyn Bagiau yn hytrach na Thyddyn Sachau!

Atgofion Melys

Rydw i wedi cael bywyd hapus iawn yma yn Nhyddyn Sachau a fyddwn i'n newid dim. Do, buom drwy gyfnodau anodd a chaled ar y cychwyn wrth godi'r busnes ar ei draed go iawn ond rwy'n falch ein bod wedi dal ati. Roedd pawb ohonom yn brysur yn gwneud rhywbeth yn ddyddiol boed o'n chwynnu, dyfrio, edrych ar ôl y tomatos neu blannu rheseidiau di-ddiwedd o letys i ddiwallu anghenion cwsmeriaid a gwersyll Bytlins a Siop Thorntons, Pwllheli. Roedd gen i feddwl mawr o'r sied fach bren lle'r oeddem ni'n gwerthu'r tomatos. Y fi oedd y frenhines yn y fan honno! Weithiau cawn gwsmeriaid am unarddeg y nos ac fe gaent yr un croeso â phe baent wedi galw am unarddeg y bore.

Nancy yn ei chwt tomatos enwog!

Stuart hefo Nia, merch Jeff, yng nghanol y Ffarwel Haf

Brian ymysg ei hoff flodau

Brian a Nancy yn eu gardd hefo Ceri'r wyres

Hoff flodyn Brian oedd y ffarwel haf neu'r 'chrysanthemum'. Tyfid degau ohonynt yn y tŷ gwydr at y Nadolig a deuai pobl i'w prynu o bell ac agos. Byddwn yn gwneud sawl tusw ohonynt yn barod i gwsmeriaid.

Mae Tyddyn Sachau yn rhan ohonof bellach a fedrwch chi mo fy nadwreiddio o'r lle. Mae'n braf cael y meibion yn agos a chael difetha fy ŵyr ac wyresau! Maen nhw'n fy nghadw'n ifanc!

Rwy'n parhau i weithio yma ar y penwythnos a dw i'n mwynhau cwmnïaeth y staff fel Dilys ac yn cael sbort hefo nhw. Does gen i ddim ofn cael pridd o dan fy ewinedd a phan ddaw'r awydd heibio, af ati i lenwi potiau hefo Stuart a'r lleill. Fe wnes i dros ddau gant o rai gwahanol faint a phris y llynedd. Rwyf wrth fy modd yn potsian ymysg blodau a bwriadaf ddal ati cyn hired ag y medraf.

Nansi yn llenwi'r silffoedd

'Sbiwch rwbath 'di mhigo i!'

Stori Stuart

Y tri brawd – Jeff, Stuart a Malcolm

Dyddiau Maboed

Y fi Stuart, ydi ail fab Nancy a'r diweddar Brian Ferris a fi bellach ynghyd â Mam ac Eleri fy ngwraig ydi partneriaid busnes Canolfan Arddio Tyddyn Sachau. Teimlaf hi'n fraint cael rheoli Tyddyn Sachau oherwydd fy mod i yn medru dal i gynnal breuddwyd Taid a Dad o gael ein busnes ein hunain. Mae cael bod yn fòs arnaf fy hun yn fanteisiol iawn ond rhaid i mi gyfaddef fod gwaith papur yn gallu bod yn goblyn o gur pen ar adegau!

Mae fy mrawd hynaf, Jeff yn briod â Carys sy'n rheolwraig Canolfan Hamdden Dwyfor ac yn byw i fyny'r lôn yn Ael y Bryn. Mae ganddynt ddwy ferch, Nia sy'n athrawes yn Ysgol Morfa Nefyn a Ffion sydd hefyd yn gweithio yn y Ganolfan Hamdden ym Mhwllheli. Gyrrwr tancer olew i gwmni lleol Humphreys ydi Jeff tra bod Malcolm fy mrawd iau yn cael ei gyflogi yma ac yn byw ym Mhwllheli.

Llun diweddar o Carys, Jeff a'r genod

Cefais fy ngeni ar 19eg Medi, 1966 a heb symud cam o fy milltir sgwâr heblaw ryw hwb, cam a naid i Temora, sydd ar safle Tyddyn Sachau, pan briodais i. Os ydach chi'n chwilfrydig am darddiad yr enw, wel yn Temora Lodge yr oedd Taid a Nain Ferris yn byw pan symudon nhw i ardal y Bermo.

Troedio tua'r ysgol

Derbyniais fy addysg gynradd yn ysgol y pentref yn y Ffôr neu Ysgol Bro Plenydd erbyn hyn. Cychwynnais yno yn 1970 a chofiaf Mam yn fy nanfon yn y car hefo Jeff ac yn ddiweddarach hefo Malcolm wrth gwrs. Geraint Lloyd Owen, sy'n brifardd bellach, oedd fy mhrifathro. Roeddwn yn mwynhau cael fy nysgu ganddo a byddai'n rhoi llawer o bwyslais ar fyd natur. Mae'n amlwg fod ryw anian

Jeff yn gwarchod ei frawd bach

31

*Stuart a Jeff
– y ddau weithiwr bach!*

ynof yr adeg honno tuag at blanhigion a byddwn yn aml yn cario rhyw blanhigyn i'r ysgol iddo. Mae'n siŵr fod ambell un o fy nghyd-ddisgyblion yn meddwl mod i'n dipyn o grafwr ac yn cael ffafriaeth gan y prifathro! Ymhlith fy ffrindiau yno, roedd Gwyn Minallt, Steffan Hendy, Jeff Rowlands a Manon Gwyn. Braf ydi medru dweud ein bod yn dal yn ffrindiau er ein bod i gyd erbyn hyn wedi mynd ati i aredig ein cwysi ein hunain.

Ei throi hi am Ysgol Glan y Môr ym Mhwllheli fu hi wedyn yn 1977. Roedd Ysgol Glan y Môr ar ddau safle bryd hynny gyda blynyddoedd 1 i 3 ym Mhenrallt a'r disgyblion hynaf wedyn ar y safle newydd lle mae Glan y Môr heddiw. Cofiaf fy niwrnod cyntaf fel ddoe a'r wisg werdd fel croen tynn amdanaf. Rydw i'n cofio cerdded hefo Jeff i geg lôn Tyddyn Sachau i ddal y bws a Dad a Mam yn codi llaw arna i. O bryd i'w gilydd, byddai'r diweddar Hugh Iestyn Owen yn digwydd mynd heibio a byddem yn ddigon ffodus i gael lifft ganddo a sbario cerdded i fyny'r allt i'r ysgol! Teimlwn yn nerfus iawn yn ystod yr ychydig ddyddiau cyntaf yn yr ysgol ond diolch i Jôs Maths fel y câi ei adnabod, gwnaeth i mi deimlo'n gartrefol iawn. Y fo oedd fy athro dosbarth yn fy mlwyddyn gyntaf. Athro arall yr oeddwn yn bur hoff ohono oedd Roberts Art. Ond buan iawn y cefais fy nhraed oddi tanaf a setlo'n yr ysgol. Fy mhrifathro cyntaf yno oedd Dr Emrys Price o Benygroes ac wedyn Dr Neil Trevor Jones. Roeddwn yn hoff o Dr Neil a byddai yntau'n galw yn Nhyddyn Sachau weithiau i brynu ychydig o gynnyrch gan ei fod yn byw ar y pryd ger Creigiau Iocws.

I ddweud y gwir, doedd gen i ddim llawer o gariad tuag at

fyd addysg! Roeddwn i'n casáu gwaith
academaidd ar wahân i Fywydeg, a
gorfod gwneud gwaith cartref ac
adolygu ar gyfer arholiadau a phrofion
yn fwrn arna i. Roedd gwneud
rhywbeth gyda fy nwylo ar y llaw arall
yn llawer mwy pleserus megis gwaith
coed a gwaith metel. Doedd gen i fawr
o ddiddordeb yng ngweithgareddau
allgyrsiol yr ysgol ychwaith ond rydw
i'n cofio i mi fwynhau mynd ar daith o
amgylch Llŷn yn ystod fy mlwyddyn
gyntaf!

*Stuart a'i dad yn trin yr ardd
o flaen Arfryn yn 1969*

Pan ddaeth hi'n amser ymadael â'r
ysgol uwchradd roeddwn i'n ysu am
gael troi fy nghefn ar y lle ac roeddwn yn gwbwl bendant yn
ddwy ar bymtheg oed, mai adre roeddwn i eisiau dod i gael
helpu 'nhad a mam. Roedd gen i ddiddordeb mawr mewn
garddwriaeth ers yn ifanc. I ddweud y gwir wnes i ddim
cysidro mynd i goleg o unrhyw fath ac mae'r cyfan rydw i'n
wybod am arddio wedi'i drosglwyddo i mi gan fy nhad ac o
lyfrau garddwriaethol. Gorau ysgol, ysgol brofiad meddan
nhw ac yn sicr mae'n gwbl wir yn fy achos i.

Roedd Dad a fi'n cyd-dynnu'n dda er fod ambell ddadl
weithiau – y fi eisiau ehangu a Dad yn fodlon cadw pethau
fel ag yr oeddent! Yn dair ar hugain oed fodd bynnag, cefais
fy ngwneud yn bartner yn y busnes ac o hynny ymlaen, cefais
lawer mwy o ryddid i ddilyn fy nghynlluniau i ac i wireddu
breuddwyd o weld busnes teuluol yn tyfu'n fwy a mwy
llwyddiannus.

Yn ystod yr wythdegau, dechreuais ymddiddori ym maes
radio amatur. Llwyddais mewn arholiad Côd Morse oedd
yn fy ngalluogi i siarad â phobl dros y byd. Un cyd-
ddigwyddiad difyr yw i mi daro ar ŵr o Awstralia. Ar y pryd,

roedd gan Mam ewyrth yn byw yno a holodd y gŵr fi am ei gyfeiriad. Credwch neu beidio, ond roedd y gŵr hwn yn byw drws nesaf i'w hewyrth! Un arall yr arferwn gysylltu ag o oedd Fred Green o Drevelin ym Mhatagonia. Daeth Fred Green draw ar ymweliad â Chymru a galwodd yma i'm gweld hefyd!

Er fod y radio yn dal gennyf, bellach yn anffodus, nid yw amser yn caniatau i mi barhau â'r diddordeb hwn. Rhyw ddiwrnod, efallai y daw cyfle i mi ail afael ynddi eto. Mae'r drwydded yn parhau gen i, felly mae gobaith!

Wedi ennill rhyw gelc go lew, prynais dŷ ym mhentref Efailnewydd yn 1993. Bûm yn byw yno am ryw saith mlynedd. Doedd o ddim yn rhy bell o Dyddyn Sachau wrth gwrs, ond penderfynu gwerthu wnes i yn y diwedd a symud yn ôl adref gan ei bod yn haws cadw golwg ar y busnes o riniog y drws fel tae.

Chwarae Plant

Fel tri brawd, cawsom blentyndod braf iawn yn Nhyddyn Sachau. Roedd gennym ddigonedd o le i chwarae a rhedeg o gwmpas. Byddai ein ffrindiau o'r Ffôr megis Dewi Rhys, Gwyn Minallt a Rhys Penrhos yn dod yma'n aml a byddem yn dyfeisio pob math o weithgareddau fyddai'n ein diddori am oriau bwy gilydd. Caem andros o sbort ar ddiwrnod clirio'r tŷ gwydr ar ddiwedd tymor y tomatos. Byddem wrth ein boddau yn cael brwydrau tomatos ac yn lluchio'r ffrwythau meddal at y naill a'r llall nes bod golwg ofnadwy arnom a hadau tomatos yn ein gwalltiau, lawr ein cefnau, yn ein sgidiau a dyn a ŵyr ble arall! Os oeddech yn meddwl fod raid mynd i Pamploma yn Sbaen i weld y ffasiwn olygfa, wel byddai wedi bod yn dipyn rhatach i chi ddod i Dyddyn Sachau yr adeg honno!

Cofiaf un Nadolig hefyd i Jeff gael bwmerang yn anrheg gan Siôn Corn – anrheg twp iawn i ddweud y gwir ar dyddyn

Llun ysgol o'r tri brawd – Jeff, Malcolm a Stuart

yn llawn o dai gwydr! Ar y Dydd San Steffan canlynol, safai Dad yn ymyl ffenest y gegin a'r peth nesaf, dyma'r bwmerang drwyddi a gwydr yn gawod am ei ben! Does gen i fawr o gof o be' ddwedodd Dad, ond welodd Jeff mo'i fwmerang byth wedyn!

Yn aml iawn, aem lawr at yr afon ger Hen Bandy. Yn ystod tywydd cynnes yr haf, byddem yn chwarae yn y dŵr a rhyw drio ymdrochi. Dro arall, aed ati i greu argae yn yr afon fel rhyw afancod prysur. Er fod ambell bysgodyn yn nofio heibio, doedden ni ddim digon sydyn i'w dal, ond roedd yn sbort rhoi cynnig arni!

Un tro aeth Gwyn Minallt a fi i ddwyn fala o Llys Padrig. Gŵr o'r enw Ernie Griffith oedd yn byw yno yr adeg honno. Dyna lle'r oedden ni'n dau ar y diwrnod arbennig yma wedi cael llond ein pocedi o falau a phan droesom i'w chychwyn hi am adref, dyna lle'r oedd Ernie yn ein wynebu hefo gwn 12 bôr yn ei ddwylo! Er na wyddem hynny, wedi bod yn hela oedd Ernie a digwydd taro arnom yn dwyn fala. Ar ôl y

Jeff a Stuart ar eu tractor bach yn 1969

Jeff hefo Stuart sy'n modelu cap go swanc!

cyfarfyddiad anffodus hwnnw, dyna'r tro olaf i ni fynd i ddwyn fala!

Os mai gweld gwn o 'mlaen wnes i, cofiaf un diwrnod i mi redeg ar ôl Jeff hefo bwyell! Beth oedd yr achos i mi wneud hynny, does gen i, na Jeff o ran hynny, ddim syniad. Mae'n siŵr ei fod o fel y brawd hynaf wedi bod yn fy mhryfocio ynglŷn â rhywbeth ac i mi gydio yn y peth cyntaf wrth law i drio talu'r pwyth yn ôl!

Deuai llawer o bobl i brynu tomatos gan Dad a Mam yn y dyddiau cynnar o'r cwt bach pren ger mynedfa Tyddyn Sachau. Roedd yno hen glorian hen ffasiwn i'w pwyso ac weithiau cawn helpu i bwyso tomatos i'r cwsmeriaid. Roedd Mam yn gwarchod y cwt a'r tomatos fel ryw sarjant mêjor ac roedd ganddi arwydd mawr yno a'r geiriau 'DO NOT TOUCH' wedi eu sgwennu'n fras arno. Roedd yn gas ganddi weld pobl yn bodio'r ffrwythau a byddai'n dweud wrth unrhyw un oedd yn ymestyn am domato i roi'r gorau iddi gan fod rhywun arall eisiau eu bwyta! Roedd yr arogl tomatos ffres yn llenwi'ch ffroenau ac yn gwneud i chi feddwl am frechdan tomatos flasus!

Y cwt tomatos a'r tai gwydr yn y 60au.
Welwch chi Nancy'n rhoi dillad ar y lein?

Heb fod ymhell o'r cwt tomatos roedd y toiled allan a byddem ni blant yn ei alw'n cwt Dr Who oherwydd ei debygrwydd i'r Tardis bondigrybwyll!

Mae Jeff yn cofio mynd i Wersyll Bytlins mewn fan Transit Vulcan hefo Taid a honno'n orlawn o domatos, letys a chiwcymbyrs. Byddai'r llwyth llysiau'n cael ei ddadlwytho mewn warws yn Bytlins. Yn ymyl, roedd stafell yn llawn o tuag ugain o ferched fyddai wrthi'n brysur drwy'r dydd yn gwneud brechdanau ar gyfer ymwelwyr Bytlins yn y dyddiau cyn dyfodiad brechdanau wedi eu pacedu'n barod. Un o'r merched hyn oedd y ddiweddar Mrs Francis, neu Anti Mags, arferai fyw yn ddiweddarach, y drws nesaf i Jeff a Carys. Gyferbyn â warws Bytlins hefyd roedd cabanau cartrefu gweithwyr y gwersyll gwyliau. Yn blygeiniol bob bore, byddai Paddy Kane o Bwllheli'n cyrraedd yno ac yn curo drysau bob un o'r cabanau hefo pastwn pren i sicrhau fod pawb wedi deffro ac yn barod am waith! Câi Jeff hufen iâ â phapur amdano gan ambell un o'r gweithwyr.

Brian yn rhoi gwersi dysgu dreifio tractor i Stuart ifanc

Dechrau gwneud pres

Pan oeddwn yn chwech neu saith oed, cefais glwtyn bach o ardd o flaen hen adwy Tyddyn Sachau gan Dad, lle byddwn yn tyfu blodau hawdd i'w cychwyn megis pys pêr a chlustog nain ('sweet william'). Byddwn yn gwerthu'r rhain wedyn yn y siop am ychydig geiniogau ac mae'n debyg fod cael mymryn o bres poced fel hyn wedi bod yn anogaeth i fynd ati i dyfu mwy o blanhigion! Rhaid i bob dyn busnes gwerth ei halen gychwyn yn rhywle yn bydd!

Doedd yr un anian tuag at arddio ddim mor amlwg yn fy nau frawd ond roedden nhw'n ddigon eiddigeddus o fy egin busnes i! Mae rheswm da iawn pam nad oes gan Jeff ddiddordeb mewn garddio. Wedi gweld mod i'n gallu gwneud ychydig o bres drwy werthu fy mlodau, aeth at Dad un diwrnod i ofyn am bres poced. Rhoddodd Dad o ar waith i deneuo rhesi letys yn y cae. Bu wrthi am oriau drwy un pnawn Sadwrn ac ar ôl ysgol y Llun canlynol! Torrodd ei galon yn lân wedi gwneud gwaith mor ddiflas a byth er hynny, trodd ei gefn ar y garddio! Llawer gwell ganddo

Jeff ar gefn Ernie Griffith druan ac yntau'n trio chwynnu hefo Brian

wedi hynny oedd mynd ar lori laeth o Hufenfa Rhydygwystl hefo un o ddreifars y ffatri. Byddai stand laeth Plas Gwyn gyferbyn â Thyddyn Sachau ac arhosai Jeff yno yn disgwyl am reid bob Sadwrn a Sul yn ystod yr haf, gan y diweddar Robin Twm, Cae Coch, Rhoslan. Oddi yma y datblygodd diddordeb Jeff mewn lorïau mae'n siŵr.

Mae hanesyn arall am Jeff a'r cae letys hefyd. Gyda llaw, mae Caffi'r Tyddyn wedi ei leoli ar yr hen gae letys. Byddai Ernie Griffith, Llys Padrig yn dod i helpu i chwynnu'r cnwd yn y cae a byddai'n treulio pnawn cyfan ar ei bedwar wrth ei orchwyl. Dim ond rhyw bedair neu bump oed oedd Jeff ond âi i eistedd ar gefn Ernie druan fel pe bai ar gefn ceffyl! Yn ôl Mam byddai Ernie'n gwylltio ac yn gweiddi 'Dos o ma!' ond byddai Jeff yn mynnu aros ar ei gefn ar waethaf y bygythiadau.

Canlyn a phriodi

Cyfarfûm ag Eleri fy ngwraig mewn tafarn ym Mhwllheli ar drothwy Nadolig 1999. Roeddwn i wedi bwcio i fynd i ddathlu troad y ganrif newydd yn Galway, Iwerddon hefo Rhys Penrhos (Spes i'w fêts) a Gwyn Minallt. Roeddwn mewn cyfyng gyngor ofnadwy – siomi Eleri a mynd hefo'r hogia yntau siomi'r hogia ac aros adref i gael cwmni Eleri eto a cholli mhres yn y fargen! Yn y diwedd, mynd i Galway wnes i a chwarae teg i Eleri, doedd hi ddim dicach!

Un o Lithfaen ydi Eleri, yn ferch i Mair a'r diweddar John Daniel Owen. Cyd-ddigwyddiad ydi fod Mam yn cofio tad Eleri'n hogyn bach ym Mhentrefelin. Pan briododd ei rhieni, fe fuon nhw'n byw am gyfnod yn Nhŷ Capel Rhosfawr cyn symud i Lithfaen.

A finnau mor hoff o flodau, byddech yn meddwl mod i wedi rhoi tusw mawr o rosod i Eleri pan aethom ar ein dêt swyddogol cyntaf i fwyty Poachers yng Nghricieth, ond wnes i ddim! Anaml y bydda i'n rhoi blodau iddi hyd yn oed rŵan gan ein bod yn eu canol bob dydd. Weithiau fe gaiff ryw dusw ar ei phen-blwydd neu ryw ddathliad arbennig ond mae bocs o siocled yn llawer mwy derbyniol!

Buom yn canlyn am ryw bedair mlynedd cyn priodi. Priodwyd ni yng Nghapel Llwyndyrys ar 13eg Medi, 2003. Nid yn uniongyrchol o Dyddyn Sachau y daeth blodau'r briodas os ydych eisiau gwybod ond o'r Iseldiroedd! Danfonwyd hwy i Dyddyn Sachau mewn lori a daeth Christine Thornton i'w trefnu'n gelfydd iawn ar gyfer y diwrnod mawr. Arferai Christine gadw ei siop flodau ei hun ym Mhwllheli ac roedd Siop Thorntons yn un reit enwog yn ei dydd gyda phobl o bell yn gwybod amdani. Mae Christine a fi'n parhau'n ffrindiau mawr oherwydd ein diddordeb yn y maes.

Bellach mae gennym ddau o blant, Ceri Daniel a aned ar 23ain Mehefin, 2004 a Llion Daniel gyrhaeddodd ar 13eg

Gorffennaf, 2005. Mae'n debyg mod i'n ddigon direidus pan oeddwn yn hogyn ac mae sawl un yn dweud fod Llion yn debyg iawn i mi o ran hynny! Fe welwch fod Eleri a'r plant yn cario'r enw teuluol Daniel, o ochr ei thad.

Taid hefo Llion a Ceri

Eleri a'r plant

Fred Ferris

Taid – Fred Ferris

Nid cyfenw cyffredin yn y rhan hon o'r wlad ydi Ferris a Taid sy'n gyfrifol. Mae'r cyfenw yn un cyffredin iawn yn Iwerddon, ond hyd y gwn, does dim cysylltiad yn achos teulu ni. Unig fab Alfred ac Emma Jarvis oedd Taid neu Alfred William Ferris fel y bedyddiwyd o. Un o Birmingham oedd ei dad o sef fy hen daid i a daeth i Lanaber yn ymyl Bermo, fel gyrrwr preifat neu *chauffer* i deulu cefnog Piggott. Roedd yn byw ar fferm Tyddyn Nant gyda'i wraig Emma ac yno y ganwyd Taid ar 9fed o Fedi, 1908. Wedyn fe symudon nhw i Dai Newyddion, eto'n Llanaber, cyn dychwelyd i ganolbarth Lloegr.

Yn y cyfnod Fictorianaidd, adeiladodd llawer o ddiwydianwyr cefnog o ganolbarth Lloegr dai moethus yn ardal y Bermo gan symud yno i fyw'n barhaol wedi gwneud eu ffortiwn. Aethant â'u gweision a'u morynion gyda hwy. Nain oedd un o'r rhain a phan yn ddeunaw oed aeth i weithio fel morwyn barlwr i Temora i deulu George Evans.

Yn y cyfamser, yn ôl yn ninas Birmingham, gwahanwyd teulu Taid a gadawyd o hefo'i dad. Rhoddwyd y dewis iddo'n un ar bymtheg oed un ai i fynd ar wyliau gyda'i fam i Blackpool neu i'r Bermo. Dewisodd fynd i Lanaber a rhoddwyd deg swllt ar hugain i Miss Williams yn y Post i gadw golwg arno. Gweithiodd ar ffermydd yn yr ardal gan gysgu mewn tai gwair a llofftydd stabal ac un diwrnod gofynnwyd iddo ddanfon llefrith i Temora lle cyfarfu â Mabel, fy Nain. Roedd hi'n ffieiddio nad oedd yn mynychu'r eglwys ar y Sul a mynnodd ei fod yn dod gyda hi i'r gwasanaeth y Sul canlynol. Felly y bu ac o hynny ymlaen, nid oedd gwahanu ar y ddau.

Priodwyd Taid a Nain yn 1928 a ganed eu merch Vera yn 1931. Mae Anti Vera yn hoff iawn o adrodd y stori amdani ei hun yn gofyn i Taid o ble daeth hi. Ateb Taid oedd iddo fynd hefo Nain i'r ysbyty a

*Anti Vera yn cael golwg
ar y blodfresych*

gweld rhes o fabanod bach. Safodd uwchben crud un hogan fach a phwyso'i fys ar ei bol gan ddweud:

'*This is the one*'

ac mai dyna sut cafodd hi ei botwm bol hefyd!

Roeddent yn byw yn Rhif 3, Tai Newyddion gyda Taid yn gweithio erbyn hyn fel garddwr yn Temora a Nain yn forwyn gyda Vera wrth ei chwt. Mae gan fy Anti Vera atgofion melys iawn o ardd Temora. Roedd yn ardd gwerth ei gweld. Un yn gwyro i lawr tuag at y môr oedd hi. Roedd yno ddau lyn a gwlâu o rug pinc a gwyrdd, gardd lysiau a pherllan. Yn ogystal, yr oedd yno gwrt tenis a rhaid oedd cynnal a chadw lawnt hwnnw'n berffaith. Yma y dysgodd Taid ei grefft arddwriaethol.

Vera – chwaer Brian

Yr hogyn bach drwg

Yn 1936/37 adeiladwyd tŷ Taid a Nain, sef Temora Lodge, ac ychydig fisoedd cyn symud iddo, ganwyd Dad ar 15fed Tachwedd, 1937. Yn ôl Anti Vera, roedd o'n fachgen bach direidus tu hwnt ac yn boen go iawn ac yn ddraenen gyson yn ei hystlys a hithau seithmlwydd yn hŷn! Byddai Nain yn coginio hefo tân glo a byddai Dad wedi codi am bedwar o'r gloch y bore pan oedd yn ddim ond pump oed i gynnau tân a berwi dŵr yn y tegell i wneud te i bawb a byddai blas mwg dychrynllyd arno, meddai Anti Vera!

Mae un arall o atgofion Anti Vera ynglŷn â phan gafodd Dad lawdriniaeth i dynnu ei donsils pan yn bump oed. Tra oedd o dan orchymyn i beidio symud o'r tŷ, un diwrnod sleifiodd allan i fferm gyfagos a dychwelyd gyda chath fach o dan ei gôt! Er iddo gael andros o bryd o dafod, cafodd gadw'r gath fach a galwodd hi'n 'Spitfire' – o bosib am ei bod wedi poeri a chwythu arno wrth iddo ei dal!

Roedd ganddo ddau ffrind meddai Anti Vera ac adnabyddid hwy fel 'Y Gang' yn Llanaber. Roeddent yn cael rhwydd hynt i wneud fel y mynnent yn hogiau bach pump a chwech oed ac roedd yn gwbl ddiogel iddynt yn y cyfnod hwnnw i chwarae yn y caeau o amgylch ac i lawr ger y traeth. Un o'u castiau oedd hel mwyar duon a gwerthu'r ffrwythau i ariannu eu harferiad o smocio – oedd, roedd Dad yn smocio, neu'n trio gwneud ac yntau yn ddim ond pump oed! Roedden nhw'n mynd at Anti Vera wedyn a'i pherswadio i gael gafael ar nionyn i'w gnoi er mwyn cuddio'r ogla mwg! Drygioni arall oedd dwyn afalau o berllan gyfagos ac oherwydd fod Dad wedi colli ei ddau ddant blaen, roedd yn hollol amlwg ar y conion fala mai fo oedd y lleidr! Cadwai ffured neu ddwy hefyd – weithiau cuddiai un i lawr coes ei drowsus! Rhoddai aelodau'r 'Gang' dasgau cwbl amhosibl i'r ifaciwîs ddaeth i ardal Llanaber i sicrhau nad oeddynt yn cael bod yn rhan o'u cwmni dethol!

Cyfnod yr Ail Ryfel Byd oedd hi yr adeg yma wrth gwrs ac o ganlyniad roedd Taid wedi gorfod mynd i ffwrdd i'r rhyfel. Roedd wedi ymuno â'r Llu Awyr, Sgwadron 161. Roedd Nain yn gorfod gweithio'n galed iawn yn Temora oherwydd roedd pob morwyn heblaw un wedi gorfod mynd i helpu gyda'r rhyfel mewn ryw ffordd neu'i gilydd. Ar derfyn y rhyfel, dychwelodd Taid i Temora a disgwylid iddo weithio am yr union 'run cyflog ag oedd o'n gael yno cynt. O ganlyniad, roedd pethau'n galed arnynt yn ariannol ond doedd dim amdani ond pydru ymlaen. Er hynny, fe lwyddon nhw i anfon Anti Vera i goleg ym mis Medi 1947 gan nad oeddent am ei gweld yn treulio'i hoes yn gweini ar bobl fawr. Bu hi'n gweithio wedyn fel athrawes yn Lloegr. Nid oedd Nain, na Taid o ran hynny, yn gallu siarad Cymraeg, ond fe lwyddodd i ddeall tipyn go lew o'r iaith a gallai gynnal rhyw fath o sgwrs.

Cyfarfod â David Owen

Un o ffrindiau pennaf Taid yn Llanaber oedd David Owen neu Yncl David i ni, a fo bellach sydd yn byw yn nhŷ Tyddyn Sachau yn ŵr dros ei nawdeg oed. Roedd modryb i Yncl David o'r enw Jane, yn gweithio yn Temora fel cogyddes. Roedd Nain a hi yn ffrindiau mawr a pharhaodd eu cyfeillgarwch gydol eu hoes. Pan alwai Yncl David yn Temora i weld ei Fodryb Jane, deuai ar draws Taid ac ymhen amser datblygodd cyfeillgarwch oesol rhyngddynt hwy ill dau yn ogystal. Roedd Yncl David yn ŵr busnes llwyddiannus a fo sefydlodd olchdy Afonwen sydd bellach yn fusnes mawr llwyddiannus.

Yn 1947, prynodd Yncl David dŷ a thir Tyddyn Sachau a gofynnodd i Taid os yr hoffai symud yno i fyw i redeg canolfan arddio fechan ar ei ran. Yn ddeng mlwydd oed felly daeth fy nhad Brian gyda'i rieni i Dyddyn Sachau i weithio. Wel sôn am newid byd! Gadawodd y teulu Ferris

*Fred wrth ei waith
yn yr hen dŷ gwydr*

foethusrwydd o fath yn
Llanaber a symud i dŷ heb na
thrydan na dŵr na thoiled tu
fewn!

Rhoi cychwyn ar freuddwyd

Bu Taid yn rhedeg y feithrinfa
i Mr Owen dan les ond teulu
Ferris oedd berchen y busnes
erbyn i Dad ddod adref o'i
gyfnod yn y fyddin. Roedd
Taid yn amlwg yn un â'i fys ar
y pyls a gwyddai y byddai
mynd ar lysiau tymhorol o
ystyried mai ond cwta ddwy
flynedd oedd ers i'r Ail Ryfel Byd ddod i ben a phobl wedi
gorfod ymdopi ar ychydig yn ystod cyni rhyfel. Yn wir
parhaodd dogni bwyd ym Mhrydain hyd fis Gorffennaf
1954, felly roedd galw am gynnyrch Tyddyn Sachau. Nid

*Fred yn cael seibiant i fwynhau
mygyn a llymaid*

mater bach ychwaith oedd cychwyn
ar fenter o'r fath yn ariannol a'r wlad
mewn cyfnod argyfyngus iawn.

Nid tyfu llysiau'n unig oedd Taid
gan ei fod yn magu moch yn ogystal.
Mae Anti Vera yn cofio ymweld â
Thyddyn Sachau yn y dyddiau
cynnar a bod Taid wedi prynu
mochyn oedd yn cael ei gadw yn y
cwt wrth ymyl y tŷ ac wedi ei enwi'n
Anne! Ar ôl pwy tybed? Mater o raid
oedd y moch gan fod angen cael
rhywbeth ychwanegol gan nad oedd
tyfu llysiau yn ddigon o fodd i gadw
teulu. Roedd yn cael y sbarion bwyd

David Owen, Fred a Brian yn plannu cae o letys yn y dyddiau cynnar

neu'r cibau, a defnyddio'r enw Beiblaidd, o Butlins, Pwllheli. Byddai'r moch yn pesgi'n braf ar y sbarion a châi bres bach da amdanynt pan ddeuai amser gwerthu ac wrth gwrs, byddid yn lladd ambell un at ddibenion y teulu. Pan aed ati i ehangu peth ar y feithrinfa yn y saithdegau daethpwyd o hyd i lyfr hefo rhestr o enwau ffermydd oedd yn dod â hwch at y baedd a faint oedd y gost. Yn anffodus mae'r llyfr wedi mynd rhwng y cŵn a'r brain bellach.

Gweithiai Nain yn ddygn iawn yn helpu Taid. Byddai'n chwynnu yn y caeau, pluo a glanhau cywion ieir i'w gwerthu. Byddai Taid yn mynd â llawer o'r cywion ieir wedi'u trin yn ei fan i ardal Bermo cyn y Nadolig. Roedd yn amlwg fod ganddo gysylltiadau yno o hyd ar ôl bod yn gweithio'n Temora. Byddai Nain yn hel y mefus yn eu tymor hefyd a phob math o swyddi gwahanol yn cynnwys helpu i eni efeilliaid yng nghanol eira mawr yn Llys Patrig! Gyda'r nosau, byddai'n hoff iawn o ymweld â'r ddiweddar Mrs Janet Williams, Gorffwysfa a byddai'r ddwy wrth eu boddau

Nancy, Brian, Stuart, Mabel a Fred hefo Jeff o'u blaen

yn trin a thrafod gwahanol bethau. Byddai Mrs Williams hithau yn aml yn picio at Nain i roi'r byd yn ei le.

Rhoddodd Taid a Nain oes dda o wasanaeth i Dyddyn Sachau a mraint i ydi medru cario mlaen â'r hyn roesant hwy gychwyniad iddo. Dydw i ddim yn ystyried fod rheoli Tyddyn Sachau yn waith i mi – fy mywyd i ydi o a chaf bleser mawr o'i wneud.

Taid Ferris yn mynd â Jeff
am dro i'r ardd

Fy Nhad – Brian Ferris

Deng mlwydd oed oedd Dad pan symudodd o Lanaber i
Dyddyn Sachau gyda Taid a Nain. Roedd Anti Vera ei
chwaer, eisoes wedi gadael y cartref ac yn y coleg. Mae hi
bellach yn byw yn Kenilworth, Swydd Warwick ac mae
ganddi gof da o'i phlentyndod a llu o straeon am Dad fel yr
ydych eisoes wedi'u clywed. Mae'n syndod mod i cystal a
dweud y gwir o feddwl sut hogyn oedd o!

Mynychodd Dad Ysgol y Ffôr am gyfnod byr ac yno y
cyfarfu â ffrind a brofodd yn gyfaill gydol oes sef Hywel
Williams, neu Hyw Bach i'w gydnabod. Ar ddiwrnod cyntaf
Dad yn yr ysgol, cafodd ffeit hefo Hywel yn union fel ag y
digwyddodd yn achos Rhys Lewis yn y nofel o'r un enw gan
Daniel Owen! Cyrhaeddodd Brian yr ysgol ar ei ddiwrnod
cyntaf yn dipyn o lanc, meddai Hywel! Pan ddaeth amser
cinio, eisteddodd Dad gyferbyn â Hywel. Am ryw reswm,
gadawodd Dad y bwrdd cyn cychwyn ar ei bwdin a
manteisiodd Hywel a dwyn ei lwy
bwdin. Pan ddychwelodd Dad,
edrychodd yn flîn ar Hywel a holi
am ei lwy. Rhoddodd Hywel hi'n ôl
iddo ymhen sbel a bwyta'n dawel.
Ond pan aeth Hywel allan i'r iard
wedyn, dyna lle'r oedd Dad yn
disgwyl amdano â'i ddyrnau i fyny!
Roedd hi'n dipyn o gwffas a llygad
ddu gan y ddau. Ymddangosodd y
prifathro, Richard Price, a
llwyddodd i'w gwahanu a mynnu eu
bod yn ysgwyd llaw cyn mynd adref.
O'r diwrnod hwnnw ymlaen, ni fu'r
un gair croes rhwng Dad a Hywel.

*Brian yn gweithio yn Nhyddyn
Sachau ar ddechrau'r 50au.*

Hywel a Bet yn brysur wrth eu gwaith

Byddai Dad a Hywel yn cael pleser mawr o chwarae dartiau yn un o gytiau pren Tyddyn Sachau. Roedd yr un diddordebau gan y ddau a buont yn ffyddlon iawn i'w gilydd fel dau ffrind. Yn wir mae Hywel yn dal yn driw iawn i ni fel teulu ac yn parhau i bicio i mewn i roi help llaw ar gyfnodau prysur rhwng misoedd Mawrth a Mehefin ers iddo roi'r gorau i'w waith yn ffatri Rhyd-y-gwystl yn 2001.

Wedi ymadael â'r ysgol uwchradd ym Mhwllheli wedyn, treuliodd Dad gyfnod yn y fyddin fel y gwnâi sawl un yn y cyfnod oherwydd gorfodaeth filwrol. Oherwydd ei fod yn hŷn na Dad o dri mis, roedd Hywel eisoes wedi bod yn derbyn hyfforddiant yn Wrecsam gyda'r Ffiwsilwyr Brenhinol Cymreig ac i'r fan honno yr aeth Dad hefyd at ei

Brian yn ystod ei gyfnod yn y fyddin

ffrind am gyfnod o ddeg wythnos. Anfonwyd Hywel dramor am ddwy flynedd yn cynnwys cyfnod ym Merlin ond bu'n rhaid i Dad aros yn Wrecsam i wneud gwahanol ddyletswyddau milwrol a chyffredinol yn cynnwys edrych ar ôl moch o bob dim! Byddai'n dweud yn ei lythyrau at Hywel nad oedd yn mwynhau ei hun ryw lawer yno heb gwmni ei ffrind ac mae'n debyg y teimlai y byddai'n rheitiach iddo fod adref yn cadw moch yn Nhyddyn Sachau a helpu ei dad. Pan gafodd ei ryddhau o'r fyddin yn 1957, dychwelodd adref ar ei union. Cyfarfu â fy mam sef Nancy a phriodi yn 1961. Gweithiodd Dad a Mam yn galed yn ystod y cyfnod hwn a doedd dim sôn am dâl oriau ychwanegol, ond chwarae teg i Yncl David, byddai'r ddau'n cael mynd am ychydig ddyddiau o bryd i'w gilydd gyda staff Afonwen.

Nancy a Jeff yn trin y tir hefo'r tractor bach

Yn ogystal â'r moch, aeth Dad ati i gadw ieir hefyd. Roedd cyfnod cadw'r moch cyn fy ngeni i ond cofiaf yn dda pan oeddwn yn rhyw bedair mlwydd oed, gael mynd hefo Dad i'r orsaf drên ym Mhwllheli i nôl cywion ieir. Byddai'r cywion yn dod mewn bocsys ac roeddwn wedi dotio clywed y sŵn bach a ddeuai ohonynt a gweld y peli bach melyn o blu meddal yn tywallt allan pan gaent eu gollwng yn rhydd yn y cytiau ieir. Byddai sied i'r cywion ac un arall wedyn i gadw'r ieir mewn batri – dull o gadw dofednod sydd bellach wedi'i ddileu. Wedi i'r hen ieir orffen dodwy, byddai dynion o olchdy Afonwen yn dod i'w nôl a'u rhoi mewn caetsys i'w cludo i rywle. Byddai gan Wil

Brian ar y tractor bach

Tyddyn Sachau ar ddechrau'r chwedegau

Wyau, fel yr arferem ni ei alw, fusnes gwerthu wyau llewyrchus a deuai i nôl stoc o Dyddyn Sachau a'u gwerthu ar hyd yr ardal. Mae Jeff yn cofio fel y byddai'r wyau yn mynd mewn bocsys pren pwrpasol. Mae'r ddwy sied ieir yn dal i sefyll sef y ddwy sied bren ac yn cael eu defnyddio erbyn hyn i gadw stoc y ganolfan arddio.

Rwyf yn cofio'n iawn fel y byddai Robin Brynhyfryd, Chwilog yn dod i nôl y slyri ieir. Byddai ganddo dractor mawr yn tynnu tanc slyri.

David Owen ar y chwith hefo Stuart a Brian
yn mwynhau panad yn y sied – Nadolig 1982

Gallwch ddychmygu'r oglau ambell ddiwrnod ac yn wir, byddem ni'r plant yn cyfeirio at Robin fel 'Robin the Muck'! Byddai trigolion Chwilog yn eu tro yn cwyno am y drewdod a godai wrth chwistrellu cynnwys y tanc ar y caeau! Cofiaf un digwyddiad anffodus pan anghofiodd Robin gau tap y tanc slyri'n iawn a llifodd y slwj yr holl ffordd ar hyd y lôn cyn belled â'r Ffôr cyn iddo sylwi beth oedd wedi digwydd. Roedd y drewdod yn annymunol iawn a bu'n rhaid galw dynion y frigâd dân i lanhau'r lôn hefo hôspeip!

Penderfynodd Dad ymhen amser i roi'r gorau i'r moch a'r ieir er mwyn cael canolbwyntio gant y cant ar Dyddyn Sachau fel canolfan arddio. Roedd yn syniad mentrus ar y pryd ond roedd wedi gwneud ei waith cartref ac yn gweld nad oedd meithrinfa arall o fewn cyrraedd yn yr ardal. Er fod Taid wedi rhoi cychwyn i'r fenter yn ôl yn 1947, nid oedd sicrwydd y byddai Tyddyn Sachau yn gallu dal ei thir yn y cyfnod economaidd oedd ohoni. Ond dyna fo, peth fel yna ydi rhedeg busnes. Mae'n rhaid i chi fod yn barod i fentro oherwydd heb roi tro arni, wnewch chi ddim ond difaru!

Tyfu letys a thomatos yn unig oedd Dad i gychwyn. Byddid yn eu gwerthu i'r cyhoedd ac i siopau. Byddai fan yn danfon y cynnyrch i wahanol siopau yn yr ardal. Cofiaf fynd i siop Mr Davies yng Nghaernarfon hefo Dad a Taid. Erbyn heddiw, merch Mr Davies sy'n cadw'r siop honno fel siop flodau

Fred a'r tai gwydr yn y cefndir

sydd wedi'i lleoli gyferbyn â thafarn Wetherspoons. Rwy'n cofio Dad yn dweud y byddai rhyw ŵr arbennig yn dod i Dyddyn Sachau ac yn gofyn yn benodol a gâi o fynd i hel tomatos o'r tŷ gwydr. Doedd gan Dad ddim gwrthwynebiad ond gwyddai'n iawn beth oedd cymhellion y gŵr hwnnw. Byddai'n mynd â'r tomatos i sioeau lleol ac yn ennill gwobrau am eu tyfu! Roedd hi'n dipyn o jôc pan welid o'n cyrraedd bob haf.

Munud hefo Malcolm

Y fi ydi bach y nyth ac rwyf wedi gorfod dioddef llawer o gael fy mhryfocio gan fy mrodyr ond fedra i ddim cofio i'r un o'r ddau fod yn rhy gas hefo fi chwaith! Un peth dw i'n ei gofio'n iawn fodd bynnag ydi fel byddai Jeff a Stuart yn cwffio hefo'i gilydd byth a beunydd. Da hynny o'm safbwynt i – buasai wedi bod yn sobor arna i tasa'r ddau wedi penderfynu mai fi oedd yr un i gael curfa!

Y tri brawd bach – Stuart, Jeff a Malcolm

Tra oeddwn yn yr ysgol gynradd, breuddwydiwn am gael ymweld ag Awstralia a chofiaf fod llyfrau'n Ysgol Bro Plenydd yn sôn am y cyfandir hwnnw. Byddwn yn mwynhau pori drwyddynt a byddai athrawon fel Mr Thomas a Mr Humphreys yn f'annog i ddarllen cymaint â phosib ohonynt.

Wedi gadael Ysgol Glan y Môr, euthum i weithio'n syth at gwmni enwog Ceka ym Mhwllheli a bûm yno am bum mlynedd ond roedd gen i draed aflonydd! Yn un ar hugain oed felly, cefais wireddu fy mreuddwyd ac i ffwrdd â fi am Awstralia. Bûm yno am chwe mis yn ymweld â gwahanol leoedd ac yn gwneud ryw joban yma ac acw yn ôl y galw. Bu Cwmni Ceka yn hynod o dda hefo fi a phan ddychwelais adref, cefais fynd yn ôl atynt i weithio am ryw bedair mlynedd wedyn. Be wnes i wedyn, gofynnwch – wel dychwelyd i Awstralia am gyfnod eto! Bûm yno deirgwaith i gyd. Pwy oedd wedi ymfudo yno y tro olaf yr ymwelais â'r wlad ond Huw a Jano Hughes o'r Ffôr. Roeddwn i'n gweld hi'n braf arnynt yn cael byw yno, ond yn anffodus bu'n rhaid iddynt ddychwelyd i Gymru oherwydd i Huw gael damwain tra oedd yn gweithio.

Wedi dychwelyd adref y tro diwethaf y bûm yn Awstralia, euthum i weithio at Ian Fruit fel mae pawb yn ei adnabod yn y pen yma o'r byd. Euthum ati i ailgynllunio a gwneud gerddi hefo R. E. Thomas, Mynytho wedyn cyn cyrraedd yma i Dyddyn Sachau lle'r ydw i bellach wedi gweithio ers pymtheng mlynedd. Rhaid i mi ddweud mod i'n mwynhau fy ngwaith yma'n fawr oherwydd fod y staff yn cyd-dynnu cystal hefo'i gilydd. A chysidro fod fy mrawd bellach yn fòs arna i, fydd na byth air croes rhyngom. Mae Stuart yn un hawdd iawn gweithio iddo oherwydd dydi o byth yn codi ei lais ar neb.

Coeliwch neu beidio, ond does gen i ddim diddordeb o gwbwl mewn garddio. Dyna'r rheswm pam dw i ddim yn gwisgo siwmper na chrys-T hefo enw Tyddyn Sachau arnyn nhw fel nad oes neb yn dod i ofyn cwestiwn garddwriaethol i mi. Mae'n siŵr eich bod yn gofyn felly pam mod i yma? Wel y rheswm ydi mod i wrth fy modd yn gosod arddangosfeydd a dodrefn gardd at ei gilydd, y gwaith cynnal a chadw a nôl a danfon nwyddau ledled y Gogledd. Mi wna i fentro dyfrio planhigion ond dim mwy! Ambell dro bydd cynllunio arddangosfa Nadolig yn medru bod yn fwrn, yn enwedig os bydd pobl yn busnesu ac yn awgrymu'r hyn a'r llall. Mae 'na un y bydda i'n gwrando arni fodd bynnag, a Mam ydi honno! Coblyn o waith bob blwyddyn ydi cael y goleuadau Nadolig i weithio. Fel arfer bydd yn cymryd wythnos i mi ac fe fydda i'n gweld bylbiau yn fy nghwsg erbyn gorffen. Er yr holl baratoi wythnosau ymlaen llaw, byddaf yn dal i fwynhau'r Ŵyl pan ddaw hi.

Nid y Nadolig ydi'r cyfnod prysuraf i mi chwaith. Yr haf ydi hwnnw gan amlaf. Byddaf yn cychwyn rhwng pump a chwech y bore i ddyfrio'r tai gwydr a daw Stuart i'r golwg wedyn tua saith. Gall gymryd rhwng tair a phedair awr i ddyfrio pob man. Byddai Dad ar y llaw arall yn dyfrio gyda'r hwyr ac fe fyddai'n fy ngwylltio i'n gandryll weithiau oherwydd mynnai gychwyn tua phedwar o'r gloch pan fyddai cwsmeriaid yn dal o gwmpas! Dw i ddim yn amau na chafodd ambell un drochfa ddamweiniol! Byddai hefyd yn clymu drysau'r tŷ gwydr ac un tro, cofiaf i mi dynnu'r handlen a'i lluchio i'r gwrych! Rhaid fod tempar fain iawn arna i y diwrnod hwnnw.

Roedd gan Dad ofn i blant frifo yma a chymaint o wydr o amgylch. Er hynny, roeddem ni fel tri brawd yn cael chwarae a rhedeg i bobman pan yn blant. Tra 'mod i'n sôn am wydr, mae rhyw anffawd neu ddwy wedi digwydd yma. Aeth Arwyn Buckley o Bwllheli drwy dŷ gwydr hefo'i dractor un tro! Flynyddoedd yn ôl wedyn, roedd Gwilym Owen o Bwllheli eto, wedi parcio ei gar heb godi'r brêc. Toc dyma

Brian yn goruchwylio'r tŷ gwydr yn ystod eira yn y 60au.

andros o glec, a dyna lle'r oedd y car bach i mewn yn yr hen siop. Bu'n destun chwerthin am wythnosau! Diolch na chafodd neb ei anafu.

Yr wyf yn hapus mod i yma'n gweithio bellach ac oherwydd mai busnes teuluol ydi o, gallaf ymfalchïo mai fy nheulu i sy'n berchen arno. Byddai Taid wrth ei fodd dw i'n siŵr yn gweld sut mae pethau yma heddiw.

Mynd o Nerth i Nerth

Datblygu'r Feithrinfa

Codwyd y tai gwydr cyntaf yn y pum degau o flaen tŷ Arfryn heddiw a'r brif fynedfa. Criw o ffwrdd ddaeth i osod y tai gwydr. Roeddent yn aros rywle ym Mhwllheli. Roedd hen dai gwydr Tyddyn Sachau yn rhai digon modern yn eu dydd gydag olwynion oddi tanynt a'r rheini'n gorwedd ar drac fel trac trên. Byddai'n bosib symud y tai gwydr yn weddol hawdd wedyn gyda winsh bwrpasol. Golygai hyn y byddai cynnyrch y tai gwydr yn cael daear ffres bob blwyddyn ac roedd hi'n gyfle i gylchdroi cnydau. Wn i ddim beth oedd y gost o godi'r tai gwydr, ond mae'n debyg ei fod yn dipyn o arian yn y cyfnod hwnnw. Byddai Dad hefyd yn gorfod selio'r tai gwydr ar ddiwedd tymor a chwythu cemegyn pwrpasol i mewn ar ffurf mwg i ladd pryfaid ac yn y blaen. Byddai'r cemegyn mewn rhyw danc mawr ar gefn Dad gyda pheipen yn dod ohono fyddai'n ei chwistrellu i bob twll a chornel.

Codi'r tai gwydr mawr cyntaf

59

Erbyn heddiw, mae yma chwe thŷ gwydr a dau dwnel. Mae'r ddau dwnel yn benodol ar gyfer planhigion caled sydd ddim angen gwres. O'u cychwyn yn y twnel, maent yn caledu'n well o'r hanner na phe baent yng ngwres tŷ gwydr.

Brian ar y dde hefo'r dynion fu'n codi'r tŷ gwydr a Jeff a Stuart yn goruchwylio!

Meddwl am liw i'r ardd

Byddwn yn derbyn 80% o'n planhigion gan gyflenwyr Prydeinig, yn blanhigion ifanc y cyfeirir atynt fel '*plug plants*'. Rhain ydi'r blodau y cyfeirir atynt fel blodau gwelyo

Brian a'r adeiladwyr yn codi tai gwydr

Wel, dyma waith plannu!

neu '*bedding plants*'. Mae oddeutu pum mlynedd ar hugain bellach ers i ni fynd ati i dyfu mwy o blanhigion gwelyo na thomatos. Y rheswm pennaf am hyn yw oherwydd fod prisiau tomatos wedi aros fwy neu lai yn eu hunfan tra bod costau eu tyfu wedi codi. Rhaid felly cael rhywbeth i wrthbwyso colled.

Byddwn yn prynu ein blodau bach o Banbury ger Rhydychen. Daw ein planhigion mwy arbenigol megis '*alstromerias*' gan gwmnïau bach arbenigol. Cyn i ni eu gwerthu, byddwn yn eu trawsblannu i botiau neu focsys bach plastig pwrpasol a'u cadw yn ein tai gwydr preifat nes byddant yn ddigon cryf i'w trosglwyddo i'r tai gwydr cyhoeddus. Dyma un o'n cyfnodau prysuraf, rhwng Mawrth a Mehefin. Byddwn yn plannu o fore tan nos weithiau! Gyda'r haf ar ei ffordd, mae'n naturiol y bydd pobl yn chwilio am flodau i'w gerddi, felly rhaid i ni sicrhau fod digon o gyflenwadau gennym a digon wrth gefn i gadw pawb yn hapus. Bydd y plannu mawr drosodd gennym erbyn

Paratoi'r potiau a'r basgedi crog

Mehefin. Paratoi tybiau a basgedi crog fydd yn mynd â'n bryd wedyn. Byddwn fel arfer yn llwyddo i werthu'n planhigion gwelyo i gyd. Os bydd rhai'n dal ar ôl, cânt eu cynnig am bris gostyngol er mwyn cael gwared â'r gweddillion.

Cawn saib o ryw bythefnos wedyn cyn bydd ein cynnyrch hydrefol yn cyrraedd ym misoedd Gorffennaf ac Awst. Dyma gyfnod blodau fel y pansi ac wrth gwrs dyfodiad y bylbiau fel tiwlipiau a chennin Pedr. Byddwn yn ogystal yn gorfod prynu'n llysiau fel planhigion bach oherwydd nad oes yma ddigon o dir i ni eu tyfu ein hunain.

Gallwn gynnig amrywiaeth o lwyni a choed erbyn hyn yn cynnwys coed ffrwythau cynhenid megis afal Enlli neu drwyn mochyn. Mae'r hen goed ffrwythau hyn yn boblogaidd erbyn hyn ac wrth gwrs mae afal neu ffrwyth arall o'ch gardd eich hun yn llawer mwy blasus na'r hyn gewch chi o archfarchnad ac sydd wedi cychwyn ei daith ym mhell i ffwrdd yn ne Affrica neu Seland Newydd efallai!

Ar drugaredd y tywydd

Does neb yn gallu rheoli'r tywydd a siŵr o fod mai dyma'r bwgan mwyaf i unrhyw ganolfan arddio. Gall tywydd oer beri problemau mawr. Bu mis Ebrill 2013 yn hunllef i ddweud y gwir ac yn ystod un wythnos arbennig o rynllyd, llosgwyd mil o litrau o olew mewn wythnos er mwyn cadw'r planhigion bach yn hapus yn y tai gwydr. Rhaid i blanhigion ifanc gael gwres cyson neu gallwch golli stoc dros nos bron os nad ydych yn ofalus. Mae gormod o haul yn golygu bod eisiau mwy o ddyfrio wedyn neu bydd popeth yn crino. Os oedd gwanwyn 2013 yn hwyr yn cyrraedd, roedd dechrau Gorffennaf wedyn fel trio cadw planhigion yn fyw mewn popty ac roedd y dyfrio'n ddi-ddiwedd!

Oherwydd fod gwanwyn 2013 wedi bod mor oer, nid oedd cymaint o gwsmeriaid yn dod yma i brynu planhigion gwely ac felly roedd yn anodd rheoli stoc. Mae angen i bobl fod yn ofalus hefyd. Dydi'r ffaith ein bod ni'n cael rhyw ddeuddydd neu dri o ddyddiau braf yn ystod y gwanwyn ddim yn golygu fod nosweithiau barugog wedi cilio. Hawdd iawn ydi cael eich twyllo i feddwl fod hi'n ddiogel i blannu blodau allan ac yn gweld eich gwaith i gyd yn ofer ymhen ychydig ddyddiau a'ch blodau blwydd wedi marw. Cyngor reit dda ydi peidio plannu allan tan ar ôl y Sulgwyn ac wythnos Eisteddfod yr Urdd.

Y gaeaf a'r Nadolig

Er mwyn sicrhau llif arian, mae'n rhaid cynnig rhywbeth gwahanol i'r cwsmer yn ystod misoedd llwyd y gaeaf. Dyma pam ein bod yn cynnig nwyddau ar gyfer y Nadolig. Daw ein coed Nadolig o'r Alban a Denmarc drwy gyflenwr yn Preston. Ar gyfartaledd byddwn yn archebu rhyw chwe chant o goed ac er y bydd rhywfaint yn mynd yn ofer, gwell cael gormod na rhy chydig neu byddwn yn colli cwsmeriaid. Os bydd coed ar ôl, cânt eu torri'n goed tân.

Credwch neu beidio, byddwn yn archebu nwyddau ar gyfer y Nadolig ym mis Mawrth a byddent yn dechrau cyrraedd yma ddiwedd Awst a dechrau Medi. Cynhelir sioe Nadolig yn Harrogate yn ystod ail wythnos mis Ionawr a bydd Eleri a minnau a dwy o'r genod sef Julie a Bet, yn mynd yno i weld beth sydd ar gael a beth fydd y ffasiwn ddiweddaraf ar gyfer y Nadolig canlynol. Ychydig iawn o bobl sydd eisiau meddwl am y Nadolig ym mis Ionawr, ond o safbwynt busnes mae'n hanfodol. Bydd y cyfan yn dal yn fyw yn y cof wedi'r Nadolig cynt ac mae'r genod yn cofio beth oedd yn gwerthu orau fel y byddwn yn gallu eu harchebu eto at y Nadolig canlynol.

Unwaith y bydd y stoc newydd yn dechrau cyrraedd awn ati wedyn i baratoi'n arddangosfa Nadolig yn barod erbyn canol mis Hydref. Fel arfer, bydd yn cymryd rhyw wyth wythnos i gael pethau'n barod a Malcolm fel arfer fydd wrth y llyw bryd hynny. Rhaid tynnu pethau o'u bocsys, gosod coed ffug, weirio llathenni o oleuadau bach bob lliw, hongian tinsel ac yn y blaen heb sôn am baratoi ogof Siôn Corn. Gall fod yn waith digon ffwdanus a thrafferthus ar brydiau, ond pan fydd y cyfan yn ei le, bydd yn edrych yn hynod o drawiadol. Bydd Ceri a Llion wrth eu boddau'n gweld y trawsnewidiad a'u llygaid yn sgleinio'n fawr wrth amsugno'r holl sioe!

Cyfeiriais eisoes at Siôn Corn a dyma un ffordd a ddefnyddiwn i ddangos ein gwerthfawrogiad i'r cyhoedd drwy adael i staff a rhieni Ysgol Bro Plenydd fod yn gyfrifol am yr ogof a helpu Siôn Corn wrth gwrs. Bydd y tâl a godir am weld Siôn Corn i gyd yn mynd i gronfa'r ysgol.

Dewis Blodau a Phlanhigion

Byddai'n ddigon hawdd archebu planhigion ac yn y blaen drwy edrych ar gatalogau amrywiol neu ar y we, ond mae'n llawer gwell gen i ymweld â sioeau garddwriaethol pwrpasol er mwyn gweld beth sydd ar gael ac i siarad â chyflenwyr wyneb yn wyneb. O safbwynt busnes, credaf fod trafod fel hyn yn sefydlu perthynas arbennig a bod cyflenwyr yn deall beth ydi anghenion gwahanol ganolfannau garddio mewn ardaloedd gwahanol i'w gilydd. I'r perwyl hwn, byddaf yn ymweld â sioe ym Mharc Stonleigh yn swydd Warwick yn ystod Mehefin. Yr hyn sy'n nodweddu'r sioe hon ydi mai dim ond planhigion o Loegr a Chymru sy'n cael eu harddangos yno. Mae Anti Vera, chwaer fy nhad, yn byw yno yn ogystal, felly mae'n gyfle i'w gweld hithau.

Sioe arall y byddaf yn ei mynychu ym mis Medi ydi un yn Four Oaks, ger Jodrell Bank yn swydd Caer. Dyma sioe hynod o gyfeillgar ac rwyf wedi dod i adnabod amryw o'r tyfwyr yn dda. Mae popeth ar gyfer meithrinfeydd yn cael eu harddangos yma.

Os daw cyfle, byddaf yn mynd i'r N.E.C. yn Birmingham ddiwedd Medi. Mae hon yn sioe anferthol fel y gallwch ddychmygu ar y safle yma ac o ganlyniad, mae'n llawer mwy oeraidd ac amhersonol o'i chymharu â Four Oaks. Mae yma fwy o bethau canolfannau garddio hefyd na blodau a phlanhigion – offer barbaciws, tai gwydr, pob math o ddodrefn, tegins, patios ac yn y blaen.

Glanweithdra

Mae'n hanfodol cadw popeth mor lân â phosib mewn meithrinfa i sicrhau blodau a phlanhigion o'r ansawdd gorau. Nid gwaith hawdd ydi hyn a chymaint o bridd ac yn y blaen o gwmpas! Daw dyn o'r Weinyddiaeth Amaethyddol a Physgodfeydd heibio ddwywaith y flwyddyn a hynny heb drefniant ymlaenllaw! Dyma'r ffordd orau o sicrhau fod meithrinfa yn cadw at reolau glanweithdra! Mae gan bob planhigyn a brynir fewn drwydded sy'n nodi o ble mae wedi dod a phryd. Gellir wedyn olrhain ei darddiad os bydd afiechyd neu nam yn taro rhyw blanhigion. Mae'r un drefn yn bodoli gydag amaethyddiaeth ac mae'n ffordd dda o gadw trefn a sicrhau nwyddau o'r ansawdd gorau a holliach. Yma, fyddwn ni byth yn ail ddefnyddio hen botiau achos fedrwch chi ddim bod yn siŵr nad oes ryw bryfetyn bach neu haint yn cuddio ynddo!

Cadw'r staff i wenu!

Mewn unrhyw fusnes neu fan gwaith, wnewch chi ddim llwyddo heb gael staff hapus a bodlon. Pump sy'n gweithio'n llawn amser yma a phedwar yn rhan amser ac yn ystod y tymor prysuraf byddwn yn cyflogi staff ychwanegol gan godi'r cyfanswm i bedwar ar ddeg i gyd. Daw tri o'n staff – yn cynnwys Malcolm – o Bwllheli, sef Mike Machin sydd yma ers pum mlynedd ar hugain a Dilys Hughes sydd hefo ni ers chwe mlynedd. Byw yn Rhydyclafdy mae Jean Jones sydd yma ers oddeutu pedair mlynedd. Daw dau o Fynytho sef Julie Roberts, sydd yma ers pedair mlynedd ar ddeg, ac Ian Parry, ers tair. O'r Ffôr y daw David John Owen ac mae yma ers ugain mlynedd. O Drefor y daw Bet Buxton ac mae hithau yma ers deuddeng mlynedd. A dyna'i chi 'Job Done' fel byddwn ni'n ei alw, sef David Graham Evans o Chwilog sydd hefo ni ers tair mlynedd ar ddeg. Cafodd ei lys-enw oherwydd ei fod yn ynganu '*Job Done*' ar ôl bob tasg y bydd wedi ei chwblhau!

Eu prif reswm am hoffi gweithio yma meddan nhw, yw eu bod yn mwynhau garddio eu hunain a chael cyfarfod gwahanol bobl a gwrando ar eu straeon yn ogystal â'r amrywiaeth o dasgau sydd i'w cyflawni. Er gwaethaf prysurdeb y gwanwyn a'r Nadolig, maent yn mwynhau bod yn rhan o'r bwrlwm. Cytuna pawb yma mai'r peth gwaethaf am weithio mewn canolfan arddio yw'r oerfel a'r glaw ar adegau, ond fedr neb wneud dim am hynny ond pydru ymlaen! Ychwanega Ian hefyd fod fy nhe gwan i ymhlith un o'r pethau salaf yma!

Byddaf yn sicrhau fy mod i'n gweld pob un aelod o'r staff yn ddyddiol a chael sgwrs anffurfiol dros baned efallai neu wrth wneud ryw orchwyl. Hoffwn feddwl fod fy staff yn gweld fy mod i'n gwerthfawrogi eu gwaith ac yn eu parchu a 'mod i'n berson y medran nhw ymddiried ynof. Fydda i byth yn gwylltio hefo'r un ohonyn nhw a cheisiaf drin pawb yn gyfartal. Bydd tipyn o dynnu coes yn mynd ymlaen yma – does ond eisiau gwrando pan fyddwch yn crwydro drwy'r lle ac rydych yn siŵr o glywed chwerthin

Mae 'na amser i chwarae yma hefyd yn'does, Bet?

yn dod o rywle yn enwedig pan fydd Bet yn dechrau tanio! Bydd y merched yma i gyd yn cael ryw anrheg bach a cherdyn ar eu pen-blwydd a phawb yn cael anrheg a rhyw fonws ychwanegol pan ddaw'r Nadolig.

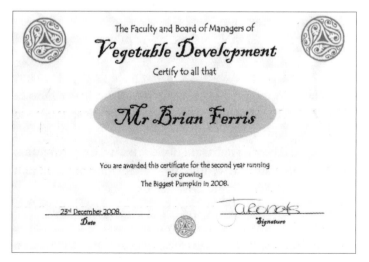

The Faculty and Board of Managers of

Vegetable Development

Certify to all that

Mr Brian Ferris

You are awarded this certificate for the second year running
For growing
The Biggest Pumpkin in 2008.

23ʳᵈ December 2008.
Date

Signature

Y dystysgrif bwysig!

Roedd Dad yn cyd-weithio'n dda hefo'i staff fel y dengys y gystadleuaeth flynyddol rhyngddo fo a Julie a Bet ynglŷn â phwy fedrai dyfu'r bwmpen fwyaf. Dad enillodd yn ôl yn 2008 ac mae'r dystysgrif a gynlluniodd Julie iddo yn dal i hongian ar y wal yn y cwt panad! Byddai Dad yn helpu Ceri a Llion i wneud lanterni gyda'r pwmpenni ar gyfer Noson Calan Gaeaf wedyn.

Cadw'r cyd-bwysedd rhwng teulu a gwaith

Oherwydd fod Eleri a minnau yn byw ar yr un safle â'n man gwaith, byddai'n hawdd i'r teulu ddioddef ar gownt y busnes. Mae'n hanfodol bwysig ein bod yn medru cadw'r ddau beth ar wahân ac yn rhoi digon o amser i'r ddau'n eu tro. Oes mae adegau pan fo'r busnes yn cael y flaenoriaeth megis ar adegau prysur, ond hyd yn oed wedyn, mae'n bosibl neilltuo ychydig amser i ni'n hunain fel teulu. Mae hyn yn andros o bwysig ar hyn o bryd pan mae'r plant yn ifanc er y byddent yn dal angen ein cefnogaeth wrth dyfu'n hŷn, debyg iawn. Rydym yn ffodus iawn fod Mam ar gael pan ddaw'r ddau adref o'r ysgol ac wrth gwrs bydd mam Eleri hefyd yn ein helpu.

Mae cael amser gyda'n gilydd yn amhrisiadwy ond nid yw bob amser yn gyfleus i fynd ar wyliau. Weithiau bydd Eleri yn medru mynd â'r plant i fwrw'r Sul yn rhywle megis Caer. Llwyddom i fynd am bythefnos o wyliau i Florida ddiwedd yr haf diwethaf gan adael Malcolm a Julie yng ngofal Tyddyn Sachau. Cawsom amser da ac mae'n rhaid i rywun fynd i ffwrdd i fedru anghofio am ei waith. Tra byddaf adref, caf gyfle i ymlacio drwy fynd allan am beint weithiau neu fynd i weld gêm rygbi ryngwladol.

Y Dyfodol

Ym myd busnes, dydi hi ddim yn talu aros yn yr unfan, ac yn sicr mae'n rhaid symud hefo'r oes. Erbyn heddiw mae prynu

Nain a'r garddwyr ifanc

a gwerthu ar y we yn hynod o boblogaidd ac rydym yn ystyried gwneud hyn yma. Mae'n anodd i fusnesau bach gystadlu hefo cwmnïau mawr ond ym myd y blodau, credaf fod llu mawr o arddwyr yn dal eisiau cael gafael ar blanhigion a'u hystyried ac edrych arnynt yn ofalus cyn eu prynu. Os am droedio i lawr y llwybr o werthu planhigion ar y we yn ogystal â dod yma i brynu, rhaid gweld beth fydd y galw. Mae'n fater gwahanol gyda stoc fel compost, pacedi hadau, bylbiau ac yn y blaen. Mae gennym wefan yn barod lle gellir darllen peth am gefndir a hanes Tyddyn Sachau. Gallwch yn ogystal gysylltu â ni drwy ein Gweplyfr neu Drydaru.

Ar hyn o bryd, rydym yn y broses o godi tai gwydr newydd. Datblygiad digon araf yw hyn gan nad ydym eisiau benthyg gormod o'r banc, yn enwedig y dyddiau hyn a thelerau llog heb fod yn rhy ffafriol. Gobeithiwn fedru adnewyddu'r siop hefyd a chynnig pethau gwahanol i'w gwerthu. Rydym eisoes wedi ymestyn y meysydd parcio a braf ydi gweld rheini'n orlawn ar brydiau – rhaid ein bod yn gwneud rhywbeth yn iawn! Wrth gyfeirio at ail wampio, buom wrthi'n gwneud patio yn Temora yng ngwanwyn 2013 a dod ar draws llu o hen boteli. Ymddengys mai yma'r oedd y domen sbwriel ar un adeg ond chawsom ni ddim hyd i drysor cudd ychwaith!

Hoffwn feddwl y bydd un os nad dau blentyn Eleri a minnau yn parhau gyda'r busnes pan ddaw'r amser. Maent eisoes yn dangos llawer o ddiddordeb ac yn mwynhau cystadlu yn Sioe Arddio y Ffôr bob Awst. Amser a ddengys!

Caffi'r Tyddyn – Bwyd a Blodau!

Roeddem fel teulu wedi trafod y syniad o agor caffi yn Nhyddyn Sachau ers tro. Yn wir, roedd amryw o'n cwsmeriaid hefyd wedi awgrymu y byddai'n syniad da. Yn ogystal, mae ein lleoliad yma ar gyrion pentref y Ffôr yn ffactor ychwanegol oherwydd nad oes caffi yn ymyl heb fynd i Bwllheli neu deithio sawl milltir i lawr y lôn i gyfeiriad Caernarfon neu ei throi hi am Gricieth. Yn yr hinsawdd economaidd sydd ohoni, mae angen i bob busnes drio pob math o syniadau hefyd er mwyn sicrhau llif ariannol ac i ddenu cwsmeriaid. Y peryg wrth aros yn yr unfan ydi mynd o dan y don – neu adael i'r chwyn eich tagu a'ch mygu yn ein hachos ni fel canolfan arddio! Hefyd, mae pob un canolfan arddio y gwn i amdani bellach wedi dilyn y drefn ac agor caffi. Mae rhywbeth reit braf mewn crwydro o gwmpas canolfan yn dewis planhigion a chael ryw baned a chacen cyn mynd adra. Yma yn Nhyddyn Sachau, rydym wedi gweld fod y caffi yn gyrchfan boblogaidd i ffrindiau a theulu i gyfarfod am sgwrs a rhywbeth i'w fwyta ac ychydig iawn ohonynt sy'n troi oddi yma'n waglaw heb botyn o flodau neu rywbeth arall i'r ardd. Daw pobl o bell ac agos yma erbyn hyn. Doedd rhai pobl ychwaith ddim yn sylweddoli fod ein canolfan arddio mor eang ac erioed wedi mynychu'r lle hyd nes i'r caffi gyrraedd.

Agorwyd Caffi'r Tyddyn yn swyddogol ddydd Sadwrn, 5ed Gorffennaf, 2010 gan Russell Jones, y cyflwynydd brwdfrydig ar raglen arddio S4C, 'Byw yn yr Ardd'. Caiff y feithrinfa a'r caffi eu rhedeg fel dau fusnes ar wahân er mwyn trefn a thaclusrwydd yn bennaf. Penderfynwyd bwrw ymlaen â menter y caffi yn 2009 ac aed ati ar unwaith i sefydlu cynllun busnes. Wedi gwneud ei gwaith ymchwil, llwyddodd Eleri i sicrhau cymhorthdal gan 'Llwyddo yng

Paratoi'r ffordd i roi cychwyn ar y caffi

Paratoi i dorri sylfaen y caffi

Nid joban caib a rhaw mo hon!

Adeiladu'r caffi

Caffi'r Tyddyn yn barod i agor

Ngwynedd' sy'n dod o dan adain prosiectau Cynllun Datblygu Gwledig yng Ngwynedd sydd wedi'i ariannu gan y Cynulliad yn ogystal ag Ewrop.

Cafodd Caffi'r Tyddyn lwyddiant gyda Gwobrau Busnesau Gwynedd yn 2011 gan gyrraedd y drydedd safle mewn dau gategori sef Busnes Newydd ac Atyniad Twristiaeth. Cynhaliwyd Cinio Gala yn y Galeri, Caernarfon ym mis Mai y flwyddyn honno ac er na ddaethom i'r brig, roeddem yn falch o dderbyn cydnabyddiaeth o fewn blwyddyn i sefydlu'r busnes.

Gan fod Eleri a minnau'n rhieni i ddau o blant ifanc, gwelwyd y byddai'n rhaid cael person arall i helpu gyda'r busnes gan y byddai'n ormod o waith i un. Doedd gan Eleri ddim petruster gofyn i ffrind teuluol ymuno â'r fenter ac felly hi â'i ffrind Ann Lewis o Drefor oedd perchnogion y caffi ar y cychwyn. Erbyn hyn mae Ann wedi gadael y bartneriaeth ers Rhagfyr 2013.

Codwyd fframwaith y caffi gan Glyn Owen, Bryn Bychan, Chwilog a Robin Price o Garndolbenmaen yn gwneud y gwaith brics. Roedd y sylfaen a'r draenio dan ofal Dafydd Williams, Llithfaen. Guto Owen Gilfach, Chwilog gododd y rheiliau o amgylch y caffi a gwnaed y gwaith plymio gan John, neu Joni Bach fel mae pawb lleol yn ei adnabod, o Abererch. Stephen Lewis, gŵr Ann oedd yn goruchwylio'r gwaith ac yn cysylltu â gwahanol bobl leol i ymgymryd â gwahanol ddyletswyddau adeiladu yn ogystal â gwneud peth gwaith ei hun. Byddai wedi bod yn gwbl anymarferol i mi drio isgontractio gwaith gan nad oedd gennyf amser na digon o adnabyddiaeth o sgiliau adeiladu a gwybodaeth am wahanol gontractwyr. Roedd cyfnod yr adeiladu'n gyffrous iawn. Bu'n brysur iawn ar un adeg a'r JCB's yn brathu a chrafu i'r ddaear fu gynt yn gae letys, cyn gosod y sylfaen.

Bellach mae'r caffi'n adeilad o safon uchel sy'n olau braf ac yn gallu eistedd hyd at naw deg ac wyth o gwsmeriaid y tu mewn a lle i bedwar deg ychwanegol ar y patio y tu allan. Adeilad ar ffurf y llythyren 'L' ydi o ac yma mae cornel gyfforddus a chartrefol gyda dwy soffa i gael ymlacio go iawn. Eisoes mae Caffi'r Tyddyn wedi profi'n boblogaidd gyda theuluoedd a phlant oherwydd fod digon o le yno. Hefyd cewch olygfa heb ei hail o rai o gopaon Eryri megis Moel Hebog a'r Wyddfa ei hun yn teyrnasu dros yr arfordir i lawr am Borthmadog a'r Bermo a thu hwnt. Pwy sydd eisiau mynd dramor pan fo Tyddyn Sachau ar garreg eich drws deudwch?

Erbyn hyn, cyflogir dau aelod o staff llawn amser yn y caffi gyda deg yn rhan-amser yn ystod cyfnodau prysur megis y Nadolig a gwyliau'r haf. Staff lleol sydd yma i gyd.

O safbwynt y fwydlen, credwn ei bod yn un fforddiadwy ac iach wedi'i seilio ar fwyd cartref lleol a ffres. Cyflenwir ein cigoedd gan siop Povey, Chwilog. Defnyddiwn gaws, llefrith a hufen o Hufenfa De Arfon yn Rhydygwystl. Becws Warren o Bwllheli sy'n cyflenwi ein bara'n ddyddiol. O ffatri 'Welsh

Eleri'n y caffi ar derfyn diwrnod gwaith

Lady Products' yn y Ffôr y daw ein jamiau a marmalêd a darperir ein llysiau a'n ffrwythau gan Siop D. J. o Gricieth, heblaw am y tomatos, ciwcymbers a phupur y byddwn wedi'u tyfu ein hunain yma. Caiff ein cawl, 'quiche', cyri a mwyafrif ein cacennau eu coginio yma. Credwn ei bod yn bwysig iawn i sicrhau ein bwydydd gan gyflenwyr lleol er mwyn ei dderbyn mor ffres â phosib ac wrth gwrs i ddileu yr holl filltiroedd bwyd y mae cymaint o sôn amdanynt y dyddiau hyn. Pam rhoi arian ym mhocedi dynion o ffwr' pan fydd o gennych yma ar garreg y drws a hwnnw o'r ansawdd gorau?

Fel gyda'r ganolfan arddio, bwriedir datblygu menter y caffi yn ogystal. Eisoes, gall Caffi'r Tyddyn gynnig cinio Sul ac ystyrir gweini ar gyfer priodasau maes o law. Bydd cymdeithasau megis Merched y Wawr, yn trefnu i ddod draw ar ôl oriau cau dyddiol i gael gweld beth sydd ar gael yn blanhigion ac yn y blaen a chael pryd o fwyd ar derfyn y noson. Yn ogystal, daw aelodau Cymdeithas Capel Tyddyn

Llion yn bwydo'r ieir – wyau ffres i'r caffi fory tybed?

Shôn draw am swper ar derfyn eu tymor. Cynhaliwyd noson gymdeithasol Cawl a Chân gyda Meinir Gwilym yn Nhachwedd 2011 ac os bydd galw amdano, byddwn yn fwy na pharod i drefnu chwaneg o nosweithiau tebyg i hynny.

Noson arall gafwyd yma yn 2012 oedd hyfforddiant i wahanol fusnesau a darpar fusnesau dan adain asiantau Annog a Llwyddo yng Ngwynedd. Cafwyd gwybodaeth am bwysigrwydd marchnata busnesau ar y we drwy gyfrwng gweplyfr er enghraifft a chafwyd gwybodaeth gan gwmni Delwedd yn ogystal ar sut i greu gwefan busnes. Defnyddiwyd Caffi'r Tyddyn fel lleoliad y noson hon gan fod Annog wedi bod yn gymaint o gefn i ni pan yn sefydlu'r busnes. Mae'n holl bwysig i fusnesau newydd y dyddiau hyn gael cymaint â phosib o wybodaeth os am lwyddo ac mae mewnbwn asiantau busnes yn hanfodol er mwyn cadw'r bys ar y pyls.

Hoffem feddwl fod Tyddyn Sachau a'r caffi yn medru diolch i'n cwsmeriaid am eu cwsmeriaeth. Soniwyd eisoes fod Ysgol Bro Plenydd yn elwa'n ariannol gydag Ogof Siôn Corn, a byddwn hefyd yn eu helpu gyda'n cynnyrch ac yn cyfrannu rhoddion ariannol i Sioe Flodau'r Ffôr a'r eisteddfod yn ogystal â rhoi tocynnau anrheg tuag at rafflau i achosion da.

Mae cyfle i brynu anrhegion o Gaffi'r Tyddyn hefyd megis llyfrau gwybodaeth a theithio, cardiau cyfarch a gwaith gan bobl ifanc lleol megis Ffion Jones o Bistyll sydd wedi cychwyn ei busnes gwnïo ei hun o'r enw 'Pwyth Pistyll'.

Cofiwch felly eich bod yn picio atom i Gaffi'r Tyddyn wedi i chi fod yn y ganolfan arddio. Gall y busnes garddio ma fod yn sychedig a llwglyd iawn!

Sachaid o Syniadau Stuart!

Yn ôl yn 2009, gofynnwyd i mi gyfrannu colofn fisol i'r papur bro lleol yma'n yr ardal hon sef *Y Ffynnon*. Dyma i chi ail bobiad fel tae o'r cyfraniadau gan obeithio y byddant o gymorth i chi a'ch gardd.

Stuart a'i 'ferched' ymhlith y blodau! Mai 2001

Ionawr

Waeth cychwyn yn y dechrau ddim gyda mis cyntaf y flwyddyn. Os ydi'r mis 'yn oer a'i farrug yn wyn' fel y canodd Eifion Wyn, dydi hynny ddim yn esgus i beidio â gwneud dim yn yr ardd. Efallai eich bod yn teimlo fel rhyw hen dwrci wedi'i stwffio ar ôl bwyta llawer mwy na gormod ers wythnosau. Anghofiwch am y Gampfa ac ewch i arddio! Dyma'r amser i ddechrau meddwl o ddifrif am flodau lliwgar yn yr ardd. Mae peth wmbreth o wahanol fathau o *clematis* i ddewis ohonynt erbyn hyn – o'r rhai fel y *Montana* sy'n blodeuo yn gynnar yn y flwyddyn i'r mathau hybrid enfawr a'r rheiny sy'n blodeuo wedi hirddydd haf. Mae angen tocio'r ddau fath olaf yn ôl rŵan i ddim ond rhyw 6 i 8 modfedd uwchben y ddaear ac ychwanegu dôs go dda o'ch hoff fwyd planhigion iddyn nhw wedyn. Byddwch y tu hwnt o ofalus nad ydych yn torri'r *clematis* cynnar yn ôl i'r ddaear, dim ond fymryn yn uwch nac un neu ddau o flagur cryf yr olwg neu chewch chi ddim blodau o gwbl.

Amdani efo'r siswrn tocio at y rhosod hefyd. Does fawr o docio ei angen ar y llwyni rhosod ond croeso i chi fynd dros ben llestri efo'r hybrids a'r *floribundas* neu rosod toreithiog. Torrwch yr holl bren marw yn gyntaf ac yna pob brigyn sy'n tyfu'n gam neu ar draws ei gilydd. Yn olaf, torrwch y bonyn yn ôl at yr hanner yn union uwchben blaguryn sy'n tyfu am allan. Chwistrellwch y rhosod i gyd wedyn a'r tir o'u cwmpas rhag clefyd y smotyn du.

Torrwch y grug yn ôl yn ysgafn rŵan yn ogystal. Siawns nad ydi'r eirlysiau wedi dechrau ymddangos gennych erbyn hyn. Os ydyn nhw'n edrych fel taen nhw'n tagu'i gilydd wrth dyfu'n rhy agos a blêr, codwch nhw tra bo'r dail yn wyrdd a thynnwch y bylbiau ar wahân gan eu hail blannu fesul rhyw bump mewn twll newydd efo llond llaw o 'Mulch and Mix' yn y pridd.

Chwefror

A dyma fo – y mis bach wedi cyrraedd, ond mae digon i'w wneud. I osgoi rhynnu yn yr oerfel, ewch i'r tŷ gwydr gan obeithio eich bod eisoes wedi'i lanhau ar ôl tymor yr hydref! Gallwch roi cychwyn ar blannu hadau betsan brysur, *geraniums*, petwnias a'r *nicotiana*. Tua diwedd y mis dyfriwch rhyw fymryn ar y *pelargoniums* ac wrth iddyn nhw ddechrau tyfu, torrwch nhw yn ôl a'u hail blannu mewn compost aml-bwrpas ffres. Gwnewch yr un peth efo'r *fuchsias* sydd wedi bod yn gaeafu. Gallwch ddechrau plannu hadau tomatos, bresych, nionod, cennin a phys mewn ffrâm brifiant gynnes (*propagator*) a phlannu ffa, moron cynnar a phannas o dan wydr y tu allan. Gallwch wneud yr un peth efo rhuddygl (*radish*) a letys cynnar.

Dyma'r cyfnod pryd y byddwn yn derbyn had tatws cynnar yn Nhyddyn Sachau. Galwch draw i ddewis eich tatws hadyd er mwyn eu gosod mewn lle tywyll i egino'n iawn cyn eu plannu. Dal braidd yn oer ydi hi i blannu go iawn, ond fe allwch baratoi'r pridd. Peidiwch â phlannu yr un llysiau yn yr un lle â'r llynedd i osgoi magu heintiau. Syniad da ydi taenu calch ar y llecyn lle'r oedd y bresych a'r brocoli yn tyfu llynedd. Peidiwch, fodd bynnag, â rhoi calch yn agos at y fan lle'r ydych am blannu tatws eleni.

Plannwch ychydig yn gyson o hadau persli – bob rhyw bedair wythnos efallai i sicrhau cyflenwad digonol hyd at yr hydref. Tydi persli ddim yn beth hawdd i'w dyfu ac mae socian yr hadau mewn dŵr cynnes yn helpu i'w gychwyn.

Os ydi'ch coed ffrwythau wedi dioddef oherwydd afiechyd a phla yn y gorffennol, yna chwistrellwch y bonyn a'r brigau efo golchiad gaeafol o olew tar gan ofalu peidio â chwistrellu pan fo hi'n wyntog! Mae hi'n adeg iawn hefyd i blannu coed a llwyni ffrwythau newydd fel eirin Mair. Os oes hen flagur mawr hyll ar goed cyraints duon, tynnwch nhw rŵan, a bydd yn sicr o wella'r cnwd at yr haf. Hefyd, clymwch frigau mafon at ei gilydd a gwnewch yn sicr bod y pyst a'r clymau sy'n cynnal coed sy'n tyfu'n rhydd neu yn erbyn waliau yn dal yn dynn ac yn gwneud eu gwaith yn iawn.

Bydd riwbob ifanc yn y siopau cyn bo hir. Mae'r riwbob ifanc gorau yn tyfu yn swydd Efrog meddan nhw, ond gallwch chi orfodi'ch riwbob chwithau i dyfu'n dal, tenau, blasus a phinc trwy osod hen fwced neu orchudd tebyg dros y goron a thaenu tail ceffyl o'i gwmpas. Bydd y tail yn bwydo ac yn cynhesu'r pridd wrth iddo bydru tua'r gwreiddiau.

Eira Chwefror 1996 yn cadw'r garddwyr adref!

Gallwch blannu riwbob o'r newydd hefyd yn ogystal â mefus mewn potiau.

Os ydi'r lawnt braidd yn wlyb, gwthiwch fforch i'r pridd hwnt ac yma er mwyn helpu'r draeniad ond peidiwch â bwydo'r gwellt gan y gall annog y lawnt i ddechrau tyfu rŵan fod yn gamgymeriad mawr os daw tywydd garw. Casglwch unrhyw ddail crin oddi ar y lawnt a'i chribinio i gael gwared o fwsogl. Os ydi mwsogl yn goblyn o broblem, defnyddiwch sylffad haearn. Gallwch wneud tri thro am un a lladd chwyn yr un pryd trwy ddefnyddio un cemegyn arbenigol sy'n bwydo'r lawnt tra'n chwynnu a lladd mwsogl hefyd. Cewch ddigon o gyngor am beth i'w brynu acw! Gofalwch fod y peiriant torri gwellt mewn cyflwr da erbyn y bydd ei angen. Bwriwch ati i dwtio'r borderi ac wedi gwneud hyn i gyd, ewch am y tŷ i gael panad! Rydach chi'n haeddu seibiant!

Mawrth

Ydi, mae 'gwyntoedd Mawrth yn oer eu mîn' ond does dim amser i stelcian tua'r tŷ! Allan â chi i gael pethau'n barod cyn i gawodydd tyfu mis Ebrill gychwyn ar eu gwaith. Bydd angen bwydo'r planhigion llysieuaidd (*herbaceous*) wrth iddynt gychwyn gwthio o'r pridd. Fforchiwch dipyn o Growmore, peledi baw ieir neu bowdwr gwaed ac esgyrn os am ddeunydd organig, yn ofalus o gwmpas y planhigion – fydd dim angen gormod o fôn braich! Yna rhowch gompost neu risgl coed drostyn nhw i gadw'r pridd yn llaith a thagu'r chwyn.

Beth am fynd ati i roi sgwriad go iawn i'r fuddai ddŵr. Gall pob math o facteria fagu mewn dŵr sy'n sefyll a llawer gwell ydi cael glaw tyner a glân y gwanwyn yn barod ar gyfer yr haf. Sgwriwch eich potiau blodau'n lân hefyd a llenwch ambell un efo rhai blodau cynnar megis *senetti* fydd wedi cyrraedd Tyddyn Sachau. Gallwch ail blannu'r rhain yn yr ardd ym mis Mai wedyn.

Braf ydi gweithio yn y tŷ gwydr yr adeg yma. Os nad oes ganddoch chi dŷ gwydr, hawdd iawn ydi tyfu hadau ar sil ffenest neu mewn stafell wydr gynnes. Mae dewis y compost cywir yn andros o bwysig i roi'r cychwyn gorau i'r hadau. Gallwch blannu cloron (*tubers*) begonias a gwreiddiau *canna* yn ogystal rŵan hefyd. Gosodwch y *begonias* ar wely o gompost llaith ac unwaith y byddan nhw'n dechrau egino, plannwch nhw mewn potiau bach ar wahân.

Unwaith y dechreuith hi gynhesu, cewch blannu hadau brocoli, bresych, cêl, col rabi, pannas, pys, rhuddygl, sbigoglys (*spinach*), nionod a slots allan. Efallai bydd yr hadau ifanc angen cysgod dan wydr am gyfnod byr. Os ydych wedi cofio cychwyn egino'ch tatws hadyd dro'n ôl, wel, gallwch eu plannu allan ddiwedd y mis. Does yna ddim gwell blas na thysan o'r ardd yn nofio mewn menyn pan ddaw'r amser i'w codi!

Dyma'r adeg orau i gychwyn gardd berlysiau newydd. Gall perlysiau fod yn blanhigion hardd iawn. Mae gofyn cynllunio'n ofalus a gosod yr ardd yn llygad yr haul gan mai gwres y mae'r rhan helaeth o berlysiau'n ei hoffi. Byddai cymysgu dipyn o 'Mulch and Mix' efo'r pridd yn gwneud y gwely yn dipyn mwy addas ar gyfer perlysiau ifanc.

'Dach chi ffansi mefusen gynnar i fwyta fel pwdin ar ôl eich tatws cynnar? Wel, dowch â'r planhigion fewn i'r tŷ gwydr a rhowch ddiod o ddŵr a bwyd tomato iddyn nhw. Gwnaiff fyd o les i'r mefus ac fe fyddan nhw'n tyfu gymaint â hynny ynghynt.

Ewch ati fel lladd nadroedd wedi i chi ddod allan o'r tŷ gwydr a chwynnwch yr ardd lysiau a'r borderi gan droi cymaint o gompost ag y gallwch chi i mewn i'r pridd. Gall oerfel y gaeaf fod wedi gwneud cryn dipyn i sychu'r pridd a'i amddifadu o lawer o faeth.

Os ydych yn cynllunio i greu gwelyau neu forderi newydd, rŵan amdani! Dyma'i chi gyngor go ddefnyddiol. Gwnewch amlinelliad o'r siâp trwy dywallt tywod o hen boteli plastig cyn codi'r tywyrch a'u rhoi i'r naill ochr i bydru at eto. Os gwnewch chi droi'r tywyrch i mewn i'r pridd, bydd y gwellt sydd wedi ei gladdu yn tyfu ac yn ail-dyfu hyd Sul y Pys!

Dylai rhosod sydd wedi'u tyfu mewn potiau gael eu rhoi allan yn awr, gan blannu'r rhosod dringo rhyw ddeng modfedd oddi wrth unrhyw wal i sicrhau eu bod ddigon pell o unrhyw gysgod rhag y glaw. Gallwch blannu rhosod troednoeth o hyd – ond unwaith y gwelwch bod y blagur yn dechrau ymddangos, mae'n rhy hwyr! Torrwch yn ôl hefyd ar y rhosod modern a'r llwyni rhosod.

Os nad ydych eisoes wedi gwneud hynny, yna gallwch dorri yn ôl neu 'brwnio' y coed ffrwythau. Torrwch unrhyw ganghennau sy'n croesi ei gilydd a gofalwch fod yna le agored rhyngddynt er mwyn i aer allu cylchdroi i warchod y ffrwythau rhag haint. Bydd angen bwydo'r coed wedi'r gaeaf hir. Bwyd organig sydd orau gan ei fod yn cael ei ryddhau'n ara' deg bach i'r pridd. Gall gwrtaith cemegol achosi i'r goeden dyfu yn rhy sydyn a bydd wedyn yn ei gwendid ac yn denu pryfetach a heintiau.

Ebrill

Codwch a rhannu planhigion lluosflwydd (*perennials*) bob rhyw dair mlynedd a dechrau Ebrill ydi'r cyfnod delfrydol i hyn. Codwch y planhigyn a'i rannu gan ofalu bod gan bob rhan ddarn o'r gwreiddyn gwreiddiol. Paratowch y gwely newydd ar eu cyfer yn drwyadl hefo gwrtaith a phlannwch hwy gan ofalu rhoi digon o fwyd, dŵr a gwrtaith iddyn nhw eto.

Bydd blodau'r gwanwyn yn wledd liwgar i'r llygad yn Nhyddyn Sachau erbyn hyn a'r tymor newydd yn denu pobl i brynu. Peth braf i ni wrth gwrs ond waeth i chi heb na phrynu planhigion iach a mynd â nhw adref i'w rhoi mewn pridd sydd heb ei baratoi'n iawn. Gwrandewch ar ragolygon y tywydd hefyd – gallwn gael barrug o hyd, a byddai hynny'n farwol i'r blodau bach!

Dylai'r *clematis* fod yn tyfu fel dwn i ddim be erbyn hyn. Treuliwch dipyn o amser yn ei annog i dyfu i gyfeiriad penodol a chlymu'r planhigyn hwnt ac yma. Oni wneir hyn, gall pethau fod yn llanast llwyr! Wrth ei drin, gofalwch nad ydych yn niweidio'r blagur ifanc gan ei fod yn hawdd iawn ei dorri.

Ebrill ydi'r cyfnod traddodiadol i blannu tatws cynnar – os ydi'r tywydd yn caniatau. Byddwch yn ofalus beth bynnag! Plannwch nhw pan mae'r pridd yn rhy wlyb ac mi wnaiff y tatws had bydru. Gwn am rai fydd wastad yn plannu'r tatws ar Ddydd Gwener y Groglith. Wn i ddim beth ydi tarddiad yr arferiad hwn gan fod y Groglith yn amrywio cymaint o flwyddyn i flwyddyn.

Dyma chi gyngor da er mwyn sicrhau cnwd o ffa dringo ddiwedd yr haf. Llysiau barus ar y naw ydi ffa dringo. Os gwnewch chi baratoi rhych rŵan a thaflu gwastraff y gegin – crwyn llysiau, ffrwythau ac yn y blaen – i mewn iddi yn gyson, bydd y pridd yn llawn maeth erbyn i chi blannu'r had yn nes ymlaen. Gellir plannu had y cnwd cyntaf o ffa yn syth i'r pridd at ddiwedd y mis beth bynnag. Gyda llaw, tyfwch bys pêr yn agos i'r ffa dringo gan y byddan nhw'n denu pryfaid llesol at y llysiau.

Gellir bwrw ati i blannu hadau blynyddol (*annuals*) yn syth i'r pridd rŵan. Os plannwch hwy mewn rhesi, byddant yn haws i'w teneuo yn y man. Yn ddelfrydol, ceisiwch blannu'r hadau wedi un o gawodydd Ebrill gan y bydd hyn yn eu helpu i gydio'n gynt. Gallwch hefyd blannu setiau nionod mewn rhesi gan adael digon o le rhwng bob rhes er mwyn chwynnu. Os ydi hi'n dal braidd yn oer, rhowch wydr neu gnu gardd dros y cennin, ffa, betys, letys, pannas, pys a sbigoglys yr ydych newydd eu plannu. Gallwch gychwyn pys yn y tŷ gwydr hefyd os ydi hi'n oer. Plannwch y pys mewn compost mewn darn o hen gwter. Pan fyddan nhw'n barod i'w hail blannu yn yr ardd, mater bach fydd gwthio'r cyfan heb darfu ar y planhigion ifanc yn syth i ffos bwrpasol. Hefyd, os ydi'r moron ifanc yn dechrau gwthio o'r pridd, rhowch gnu gardd dros y cyfan i atal y pry moron felltith rhag dodwy arnyn nhw. Mae'n well plannu'r sbrowts, blodfresych a bresych yr haf mewn gwely hadau cyn eu trawsblannu ym mis Mai.

Bydd eich lawnt eisiau dipyn o ofal ar ôl y gaeaf hir. Rhowch donic pwrpasol iddi – ond peidiwch â'i roi'n syth bin wedi cawod o law neu lawnt yn edrych fel tae hi wedi cael ei llosgi hwnt ac yma fydd ganddoch chi! Bwydwch eich coed a llwyni ffrwythau yn ogystal i gael cnwd o ffrwythau da yn yr haf a'r hydref. Gall gwyntoedd Ebrill fod yn ddigon egr ac oer ac os gwelwch y coed ffrwythau yn cael chwip din go dda gan y gwynt, taenwch gnu gardd os yn bosibl drostyn nhw i warchod y blodau. Dylid eu bwydo gyda chymysgedd fel 'Grow More' neu wrtaith pysgod ond powdwr asgwrn a gwaed yw'r gorau.

Gellir plannu hadau blodau canol haf yn y tŷ gwydr a theneuo y rhai blannwyd ym mis Mawrth. Dylai tomatos bach gael eu trawsblannu'n unigol i botiau bach – arwydd bod yr haf ar ddyfod os buodd un erioed!

Gallwch gychwyn torri a defnyddio peth o dyfiant newydd y perlysiau er mwyn annog y planhigion i dyfu'n gryf. Tydi mintys angen fawr o anogaeth beth bynnag ond ew, mae sbrigyn yn dda hefo tatws newydd!

Mai

'Gwn ei ddyfod, fis y mêl,
Gyda'i firi, gyda'i flodau'

Gwir a ddywedodd Eifion Wyn. Mae fel ffair yr adeg yma o'r flwyddyn yn Nhyddyn Sachau gyda phobl wrthi'n plannu a thwtio'r ardd lysiau, y borderi ac yn gosod basgedi crog.

Ffordd hawdd iawn o dyfu amryw o lysiau, all fod yn rhy dyner i'w tyfu allan, ydi defnyddio bagiau tyfu neu *grow bags*. Gellir rhoi tomatos, ciwcymbers, *aubergines*, pupur a hyd yn oed melonau ynddyn nhw. Dewch â'r bagiau tyfu i mewn i'r tŷ gwydr ychydig wythnosau cyn i chi eu plannu er mwyn i'r compost gynhesu a rhoi gwell cychwyn i'r planhigion ifanc. Gallwch ddechrau plannu gwahanol fathau o ffa yn ogystal – rhai Ffrengig, *borlotti* a ffa dringo, fel byddant yn barod i'w rhoi allan wedi i'r tywydd gynhesu. Gwthiwch un had ar y tro i ganol potyn neu uned 'Jiffy' rhif 7 a gofalwch fod pob hedyn wedi ei orchuddio efo modfedd o leiaf o gompost sydd wedi ei ddyfrio'n dda. Peidiwch ag anghofio y gall tŷ gwydr cynnes braf yn y dydd fod yn andros o oer yn y nos. Os yn poeni go iawn, rhowch y potiau yn y

Carys, gwraig Jeff, ar y tractor bach yn tynnu llwyth anferthol!
Cyn dyddiau 'Iechyd a Diogelwch' mae'n amlwg!

peiriant tyfu neu trefnwch fod ychydig o wres yno.

Ail botiwch fefus mewn compost glân yn y tŷ gwydr a'u gadael yno hyd nes bydd hi'n ddigon cynnes i'w rhoi allan. Os oes lle ar ôl, tyfwch ddail letys a rhuddygl mewn potiau hefyd.

Plannwch fresych, blodfresych, brocoli a sbrowts allan yn yr ardd at ddiwedd y mis. Bydd gennym ddigon ohonynt i chi acw. Cofiwch adael digon o le rhwng y planhigion bychan hefyd – buan iawn y gwnân nhw dyfu ar draws ei gilydd. Yn y cyfamser, plannwch sbigoglys, rhuddygl a slots rhwng y rhesi. Bydd y rhain yn tyfu'n sydyn a byddwch wedi eu hen fwyta cyn i'r bresych ac yn y blaen dyfu'n rhy fawr.

Peidiwch ag anghofio eich coed ffrwythau yn y tymor tyfu. Mae coed ffrwythau'n farus ac yn elwa o bryd go dda o dail yn y pridd os ydach chi'n eu plannu nhw yn goed newydd o botiau. Taenwch wrtaith fferm dan goed sydd wedi hen sefydlu.

Diwedd Mai ydi'r union adeg i hau maros a *courgettes*, ond gallwch ddechrau ar y gwaith o baratoi'r gwely pridd ar eu cyfer ar ddechrau'r mis. Gwnewch dyllau tua troedfedd o ddyfnder a lled a gadewch tua thair troedfedd rhyngddynt. Rhowch ddigon o wrtaith fferm yn y tyllau a fforchio'r pridd wedyn dros y cyfan yn barod i blannu'r llysiau ifanc. Yn ystod ail hanner y mis, dylid hau'r ffa dringo mewn pridd a baratowyd yn gynharach yn y mis.

Dylai planhigion y ddropsan neu'r *fuchsia* a'r *pelargonium* fod yn tyfu'n gryf erbyn hyn. Cyn gynted ag y bydd y *fuchsia*'n cyrraedd taldra o ryw bum modfedd, pinsiwch y tyfiant uchaf i ffwrdd. Bydd y planhigyn yn llenwi'n dda wedyn a chewch lawer mwy o flodau.

Cychwynnwch eich basgedi crog rŵan a'ch potiau ar gyfer yr haf. Ar ôl eu plannu ac os yn gyfleus, gadewch nhw yn y tŷ gwydr neu yng nghyntedd y tŷ am oddeutu pythefnos er mwyn i'r planhigion gael sefydlu'n gryf. Rhaid cychwyn bwydo'r basgedi a'r potiau ar ôl ryw fis i chwe wythnos neu, os ydych eisiau bywyd rhyw fymryn yn haws, cymysgwch fwyd planhigion sy'n cael ei ryddhau'n ara' deg i'r pridd wrth i chi blannu. Ni fyddant angen eu bwydo wedyn trwy gydol y tymor tyfu.

Gwnewch doriadau o berlysiau fel rhosmari, teim a saets o dyfiant y llynedd. Tynnwch yr is-ddail o'r toriadau, eu rhoi o amgylch pot blodau sydd wedi'i lenwi efo *perlite* neu *sharp sand* ac fe ddylsech gael rhagor o blanhigion newydd.

Dydi ddim yn rhy hwyr i fwydo'r coed a'r llwyni, ond gofalwch ddefnyddio bwyd pwrpasol i blanhigion sy'n hoff o bridd asid fel *rhododendron* a *camellias*. Gallwch ddefnyddio bwyd gardd amlbwrpas i fwydo coed rhosod a'r coed eraill ond rhowch ddigon o ddŵr i'r cyfan ar ôl eu bwydo. Gynted ag y bydd y blodau'n dechrau gwywo, tynnwch yr hadau i ffwrdd er mwyn i ynni'r planhigyn gael ei arbed i hybu tyfiant blodau'r flwyddyn nesaf yn hytrach na'r had.

Sioe o flodau'n y tŷ gwydr

Mae blodau'r tresi aur yn werth eu gweld yn y gwanwyn. Ar ôl iddyn nhw flodeuo fodd bynnag, torrwch y brigau'n ôl yn go hegr – cymaint â thrydydd hyd y canghennau hynaf o'r llawr a thrydedd uchder gweddill y brigau. Er ei fod yn swnio'n gymhleth, fel yna mae cael llwyn o aur gwerth ei weld y flwyddyn nesaf. Mae angen dangos y siswrn i'r goeden lelog wedi iddi orffen blodeuo hefyd, ond byddwch yn dyner yn yr achos yma. Ychwanegwch fwyd 10-10-10 ar ôl iddi orffen blodeuo ac os mai pridd go asidaidd sydd acw, taenwch ychydig o galch o gwmpas y bonyn.

Gallwch roi hwb i natur a dewis lliw'ch planhigion tri lliw ar ddeg neu *hydrangeas* eich hun. Taenwch galch o amgylch y planhigyn os ydych am flodau pinc a rhowch swlffed alwminiwm os am flodau glas!

Wedi i flodau'r cennin Pedr a'r tiwlipiau wywo, tynnwch y blodeuyn ond gofalwch adael i'r dail farw'n naturiol. Croeso i chi godi a rhannu'r bylbiau, ond da chi, byddwch yn ofalus wrth eu trin er mwyn gwarchod y dail a'r

Stuart – y blodyn ymysg y blodau!

gwreiddiau. Rhowch gawod go dda o ddŵr iddyn nhw ar ôl eu trawsblannu.

Mehefin

Dyma fis hirddydd haf a bydd popeth yn tyfu ar ei orau! Tociwch eich gwrychoedd bytholwyrdd megis *privets*, pren bocs a'r *leyland cypress*. Rhowch ffidan ysgafn o fwyd aml bwrpas iddyn nhw wedyn i gael dod dros y sioc!

Ystyriwch y coed yn y berllan. Bydd y blodau wedi dechrau gwywo gan wneud lle i'r ffrwythau erbyn diwedd Mehefin ond thâl hi ddim i adael llonydd i bob afal neu ellygen i dyfu ar y coed. Bydd ambell ffrwyth wedi syrthio'n naturiol ond os am gnwd go dda o ansawdd a maint taclus, rhaid teneuo y ffrwythau rŵan ar y goeden. Rhaid i goeden afal gael rhwng 30 i 40 deilen fesul ffrwyth i gynhyrchu digon o fwyd i gynnal y goeden a'r holl afalau. Drwy ddewis a dethol pa ffrwyth gaiff aros ar y goeden, dylech gael cynhaeaf da tua mis Medi.

Dylai fod yn berffaith ddiogel i blannu blodau'r haf allan yn eich borderi erbyn hyn. Wythnos Eisteddfod yr Urdd ar ddiwedd mis Mai a dechrau Mehefin ydi'r amser delfrydol ym marn llawer un. Cofiwch roi dŵr i'r planhigion bach beth bynnag wnewch chi. Dim ond gwreiddiau bach sydd gan flodau'r haf a dyna pam maen nhw'n debygol o sychu a marw os ydi'r tywydd yn boeth.

Blodyn yr haf i mi ydi'r rhosyn ac o edrych ar ei ôl, gallwch sicrhau bydd gennych flodau hyfryd o hyn hyd ddiwedd Awst a thu hwnt o bosib. Tynnwch bob blodyn marw oddi ar y llwyn a bwydwch efo bwyd rhosod pwrpasol i gael ail gyfle i weld rhosod newydd yn blodeuo cyn diwedd yr haf.

Os mai rhosod ydi blodau'r haf, blodau'r gwanwyn hwyr ydi *azaleas* a *rhododendrons* ac maent wedi darfod erbyn hyn. Tynnwch y plisgyn hadau oddi arnynt er mwyn sicrhau gwell sioe o flodau at y flwyddyn nesaf. Ond da chi, gwyliwch rhag ofn i chi niweidio blagur y flwyddyn nesaf sy'n cuddio'n union tu ôl i'r hadau.

Os ydi'r lawnt yn edrych yn o denau, gwthiwch fforch i mewn hwnt ac yma a hyd y darn moel a chribiniwch raean mân i fewn i rwystro mwsogl rhag tyfu a gwneud y drwg yn waeth.

Mis Mehefin ydi'r mis gorau i blannu cennin ifanc. Gwnewch dwll go dda i bob un hefo tyllwr (*dibber*), gan dywallt digon o ddŵr efo'r can dyfrio i lawr ochr bob twll fel bod y pridd yn cael ei olchi oddi wrth yr ochrau. Gwell peidio rhoi y rhosyn dŵr ar big y can dyfrio ar gyfer hyn. Torrwch ben bob planhigyn hyd ei hanner cyn eu plannu ac fe ddylsech gael cnwd go dda i'ch atgoffa o'r haf pan fydd wedi oeri!

Stuart a Ceri'n cael pum munud!

Gorffennaf/Awst

Gallwch gael cyfle i ymlacio rywfaint yn ystod y ddeufis hyn a mwynhau ffrwyth eich llafur ac eistedd allan yn mwynhau gwledd o arogleuon hyfryd a lliwiau bendigedig. Dwi ddim am i chi eistedd gormod a gwneud dim byd chwaith – o na, mae'r ardd yn dal angen eich cymorth! Os ydach chi'n mwynhau ambell banad neu wydraid o rywbeth cryfach yng ngwres yr haul, cofiwch fod eich blodau, ffrwythau a llysiau eisiau diod hefyd yn ogystal â bwyd! Os pery'r tywydd yn sych cofiwch ddyfrhau eich basgedi crog a'ch potiau blodau a gwneud hynny ben bore er mwyn i'r planhigion gael amser i socian y dŵr cyn i'r haul grasu'r pridd. Mae modd prynu peledi pwrpasol i'w cymysgu'n y pridd er mwyn gwneud dyfrhau basgedi a photiau'n haws. Bydd y peledi'n chwyddo wrth i chi ddyfrio ac yna'n gollwng y dŵr yn ara' deg i'r pridd yn ôl y galw. Yn groes i'r gred, dydi dyfrio gyda'r nos ddim yn syniad cystal â hynny chwaith oherwydd gall dail sy'n llaith trwy'r nos ddenu hen ffwng wnaiff ladd planhigion. Yn groes i'r disgwyl hefyd, mae'n llawer gwell dyfrio'n drwyadl unwaith neu ddwywaith yr wythnos yn hytrach na gwneud ychydig bob dydd. Mae dyfrio fel hyn yn gorfodi'r planhigion i wthio'u gwreiddiau yn ddyfnach i'r pridd i chwilio am ddŵr a'u gwneud yn gryfach o'r herwydd. Does dim rhaid i'r ardd gael dŵr glân bob tro chwaith. Gallwch ddefnyddio dŵr golchi llestri a dŵr bath. Mae dŵr sebonllyd yn gallu bod o help i gadw hen bryfaid bach gwyrdd a lindys draw.

Dyfrio cyson sydd orau i'r tŷ gwydr hefyd. Wyddoch chi am blant sy'n yfed poteli lu o bop neu rywbeth cyffelyb? Os ydi'r poteli'n blastig, torrwch y gwaelod i ffwrdd a gwthiwch wddw'r botel i fewn i'r pridd yn agos at goesyn y tomato, ciwcymbar neu beth bynnag arall sydd ganddoch chi'n y tŷ gwydr. Llanwch y botel wedyn efo dŵr ac fe fydd hwnnw'n treiglo yn ara' deg i wreiddyn y planhigyn. Mae mynd i drafferth i wneud hyn yn mynd i arbed peth wmbreth o waith i chi yn y pendraw ac yn handi os byddwch chi'n mynd i'r Eisteddfod neu ar eich gwyliau!

Bydd coed a llwyni angen dŵr hefyd dros gyfnod, felly os gallwch chi ddod o hyd i lathenni o hen bibell ddŵr, torrwch dyllau bychan ynddi bob hyn a hyn a gosodwch y bibell o gwmpas y planhigion. Cysylltwch ben arall y beipen â'r tap dŵr a throwch hwnnw y mymryn lleiaf fel bod y dŵr yn llifo'n ara' deg bach yn syth ac yn gyson at y gwreiddiau. Bydd gwneud hyn am awr bob hyn a hyn mewn tywydd poeth yn llawer mwy effeithiol na boddi'r coed a'r llwyni hefo cawod drom o'r bibell weithiau.

Cofiwch fod hi'n bosibl prynu cafn neu gasgen ddŵr pwrpasol i gasglu dŵr glaw. Dewch draw am sgwrs i gael trafod sut fath o gasgen fyddai orau.

Siawns nad ydi'r pys pêr ar eu gorau gennych yr adeg yma. Peidiwch â theimlo'n euog o gwbl yn torri a thorri'r blodau er mwyn llenwi'r tŷ efo oglau da oherwydd drwy dorri'r blodau, cewch fwy fyth! Gallwch annog blodau lluosflwydd megis bys y blaidd (*lupin*) a llysiau'r ehedydd (*delphinium*), i flodeuo rhyw fymryn eto os y gwnewch chi dorri'r bonion reit i'r gwaelod a rhoi dipyn o hylif tyfu pwrpasol iddyn nhw. Torrwch y gellesg (*iris*) yn ôl yn yr un modd wrth i'r blodau wywo. Os ydynt yn ymddangos fel 'taen nhw'n tagu'i gilydd, yna codwch y bonion a'u rhannu gan dorri'r dail yn ôl i ryw chwe modfedd o hyd a'u hail-blannu mewn tir newydd wedi ei gymysgu efo ychydig o raean gardd a dŵr gan gofio eu dyfrhau'n gyson nes bydd y planhigion newydd wedi gafael yn iawn.

Daliwch ati i warchod eich rhosod a thorri hen sbrigynnau bach sy'n tyfu o waelod y prif fonion. O'u gadael gall rhain ladd coeden rosod drwy sugno'r maeth i gyd.

Blodau diwedd yr haf a dechrau'r hydref ydi'r ffarwél haf (*chrysanthemum*), fel mae'r enw Cymraeg yn awgrymu. Maent yn dechrau tyfu rŵan a bydd pinsiad i flaenau y tyfiant newydd yn annog y planhigyn i greu rhagor o fonion ac felly rhagor o flodau.

Wythnos gyntaf Gorffennaf ydi'r wythnos ddelfrydol i dorri lafant er mwyn ei sychu fel y bydd gennych atgof persawrus o'r haf trwy'r gaeaf! Torrwch y blodau pan fyddant yn hanner agor unwaith bydd unrhyw wlith wedi sychu yn y bore a'u clymu'n dusw at ei gilydd cyn eu crogi ben i waered mewn lle sych gyda digon o le i aer gylchdroi'n rhwydd. Ym mis Medi wedyn, torrwch y bonyn lafant reit i'r gwaelod cyn gynted ag y gwelwch chi'r blodau'n dechrau troi eu lliw i annog twf newydd at y flwyddyn nesaf.

Byddwch yn dra gofalus a thaclus o gwmpas yr ardd os nad ydych eisiau trafferthion lu nes ymlaen. Codwch betalau rhosod a blodau eraill sydd wedi syrthio ar y ddaear a chliriwch unrhyw blanhigion sydd wedi darfod. Maen nhw'n goblyn o ddeniadol i bryfetach a gwahanol aflwydd os cânt eu gadael i bydru i'r pridd dros y gaeaf. Yr un ydi'r cyngor efo

Gwely lliwgar o Ffarwel Haf

ffrwythau sydd wedi syrthio. Codwch nhw'n syth neu byddwch yn denu pryfaid wnaiff ddifrodi'r coed.

Yn y berllan, gallwch gymryd toriadau o goed meddal a pherthi. Torrwch frigyn bychan rhyw ddwy i dair modfedd yn union o dan ble mae'r ddeilen yn tyfu a rhoi'r brigyn mewn pot o gompost go raeanog. Rhowch y cyfan o dan wydr neu fag plastig ac fe gewch blanhigyn newydd o fewn ychydig wythnosau.

Siawns nad ydi'r tomatos bron yn barod, os nad yn barod, yn y tŷ gwydr. Gofalwch fod y prif fonyn yn cael ei gynnal yn gryf a rhowch ddigonedd o fwyd hylif yn wythnosol i sicrhau cnwd da. Edrychwch yn fanwl ar y prif goesyn ac fe welwch chi ddail bychan yn tyfu o'r ochr, rhwng y prif goesyn a'r dail mawr. Defnyddiwch eich bys a'ch bawd i wasgu'r dail bychan yma oddi ar y prif goesyn – y 'lladron' ydi un enw ar y tyfiant yma yn y fforch. Maent yn sugno'r maeth o'r planhigyn ac yn ei wneud yn fwy simsan. Os bydd y pryfaid bach gwyn neu bryfaid bach coch yn broblem yna galwch acw am gyngor ar sut i'w trin yn feiolegol. Mae mistar ar Mistar Mostyn yn does ac mae pryfaid ar gael i'w prynu coeliwch neu beidio sydd yn gwneud dim drwg o gwbl i'r planhigion ond yn slaffio y pryfaid bach niwsans yna ac yn ffordd o arddio heb ddefnyddio cemegau wrth gwrs.

Daliwch ati i blannu planhigion letys bychan fel y rhai gewch chi acw neu rhowch hadau letys cymysg yn y pridd unwaith bob rhyw wythnos neu ddwy am ychydig eto i chi gael letys ffres tan ddiwedd yr haf.

Plannwch hadau brocoli, bresych, blodfresych a sbrowts rŵan er mwyn cael cnwd hwyr yn yr hydref. Bydd nionod angen digon o ddŵr yn yr haf a dydyn nhw ddim yn hoffi cystadlu am ddŵr hefo chwyn! Chwynnu amdani felly os ydach chi eisiau nionod mawr iach!

Coblyn am dyfu'n enfawr dros nos bron ydi corbwmpen (*courgette*). Cadwch lygad arno cyn iddo droi'n faro mawr! Daliwch i gynaeafu pys a ffa tra maent yn ifanc. Peidiwch â gadael i'ch nionod flodeuo er mwyn i'r nerth dreiddio i lawr at y bylb – sef y darn blasus!

Mis y ffa dringo ydi Awst. Mae'n siŵr eich bod wedi'u tyfu i fyny rhyw fath o ffrâm neu'i gilydd. Unwaith maent wedi cyrraedd y pen, pinsiwch y sbrigyn uchaf i'w hatal rhag ceisio tyfu tua'r nef!

Dylech fod yn ystyried codi'r tatws cyntaf erbyn hyn os nad ydach chi wedi gwneud yn barod. Byddant yn barod i'w codi ar ôl i'r planhigion flodeuo. Peidiwch â chodi gormod – gadewch y pryd nesaf yn y pridd gan nad ydynt yn cadw'n dda am fod eu crwyn mor denau.

Gobeithio eich bod wedi cael mwy nag un darten riwbob bellach. Er mwyn cael cnwd da y flwyddyn nesaf, rhowch y gorau i gasglu riwbob tua diwedd y mis. Fydd dim cystal blas ar yr hen goesau p'run bynnag – yn y gwanwyn cynnar maent ar eu gorau. Mae'r dail erbyn hyn angen gweithio'n galed i fagu nerth , felly unwaith y gwelwch y blodau yn tyfu, torrwch nhw. Wedi casglu'r riwbob olaf, palwch dipyn o gompost i'r pridd – bydd y riwbob wrth eu boddau! A wyddoch chi'r dail riwbob mawr 'na? Wel taenwch nhw o gwmpas y coed ffrwythau eraill. Byddant yn pydru ac yn rhoi ffidan go dda i'r pridd gan wneud lles garw i'r coed ffrwythau.

Ceisiwch gael blaen ar yr adar a chasglu'r cyraints duon cyn gynted ag y maen nhw'n barod. Mae'r ffrwythau yma hefyd angen llawer o ddŵr er mwyn sicrhau cnwd cryf ac iach, na nid eleni bellach ond y flwyddyn nesaf! Peth fel yna ydi garddio – edrych ymlaen a pharatoi o hyd er mwyn cyd-weithio am y gorau hefo natur.

Medi

Bydd hi'n hydref gyda hyn, felly rhaid rhoi'r gorau i fwydo'r rhosod. Tydach chi ddim eisiau iddyn nhw fagu rhyw hen dyfiant meddal fydd â dim siawns o flodeuo cyn y gaeaf. Gallwch dorri'n ôl ar y rhosod crwydrol i gael gwared â'r canghennau sydd wedi blodeuo eleni, ond gadewch y cangau eraill i flodeuo'r flwyddyn nesaf.

Bydd planhigion mefus wedi dechrau taflu tyfiant newydd o'r fam blanhigyn. Rhowch y tyfiant bychan newydd mewn potyn a'i angori yn ei le ac fe gewch blanhigyn newydd sbon y flwyddyn nesaf. Os na wnewch chi hyn yn fuan yn y mis hwn, bydd gennych lai o gnwd erbyn daw Wimbledon heibio eto!

Parhewch i dorri'r mafon yn ôl a chlymu'r tyfiant newydd i'r bonyn. Mae angen torri prif frigau'r llwyni eirin Mair hefyd a thorri'r tyfiant ochr yn ôl i ryw bum deilen yn unig.

Parhewch i docio tyfiant newydd ar y llwyni gan na chaiff ddigon o amser i sefydlu erbyn y gaeaf. Torrwch y conifferau hefyd. Dim ond unwaith y flwyddyn mae eisiau gwneud hyn. Ydach chi wedi meddwl erioed pam fod conifferau mor dueddol o droi'n hen frown hyll? Wel os wnewch chi dorri

Pwy 'di'r talaf – Ceri neu'r blodau?

pob brigyn deiliog efo siswrn gardd yn hytrach nac hefo torrwr llwyni, yna mae llai o beryg i hyn ddigwydd.

Dyfrwch ddigon ar y *camellias, azaleas* a *rhododendrons* os digwydd i'r tywydd fod yn sych neu chewch chi fawr o flodau ymhen y flwyddyn. Yn groes i'r rhosod, mae angen rhoi bwyd hylif i'r rhain rŵan. Os ydi dail y llwyni hyn yn tueddu i felynu, peryg bod gormodedd o galch yn y pridd. Os felly, rhowch sylffad haearn ar y tir i wneud yn iawn am hynny. Torrwch ddeiliach a bonion planhigion y border bach megis calon waedlyd (*dicentra*) fel maent yn dechrau gwywo, ond gadewch y blodau ar y gweiriach addurniadol gan eu bod yn werth eu gweld yn y gaeaf.

Os ydi'r lawnt yn sych ac yn frown yma ac acw, torrwch y gwellt yn aml, ond yn lle ei gasglu, gadewch y cyfan ar y ddaear i'w warchod rhag sychder. Peidiwch bwydo'r lawnt yr adeg yma chwaith oni bai eich bod yn gwneud hynny gyda bwyd hydrefol pwrpasol. Dewch draw am gyngor!

Mae peth wmbreth o ddeunydd addas i'w gompostio yn

yr ardd wrth agosáu at fis Hydref – blodau'r haf sydd wedi darfod, dail yn cwympo ac ati. Peidiwch â gwastraffu dim ohonynt. Defnyddiwch y compost sydd gennych yn barod ar y borderi i roi gwell cychwyn i'r planhigion y byddwch yn eu plannu eleni. Yna, gan ddefnyddio gwastraff a gweddill eleni, rhowch gychwyn ar wely compost newydd. Defnyddiwch bob math o ddeunydd addas. Nid oes wahaniaeth os mai gwely caeëdig neu agored sydd gennych chi, fe fydd ychwanegu stwff creu compost beiolegol yn sicr o wneud eich compost da yn well. Gofalwch fodd bynnag os oes gennych chi rosod yn dioddef o glefyd y smotyn du ar y dail, peidiwch â rhoi'r dail ar y compost neu fe fydd y clefyd yn ffynnu. Llosgwch y dail yma i gyd yn cynnwys y rhai fydd wedi cwympo a chwythu o gwmpas yr ardd. Mae rhwd y dail yr un mor ddifaol. Ar y llaw arall, bydd rhoi pennau hen blanhigion pys a ffa ar y domen yn fendith i'r compost. Gallwch fforchio'r gwreiddiau fodd bynnag yn ôl i'r ardd gan y byddant yn rhoi nitrogen gwerthfawr ychwanegol i'r pridd.

Gallwch fynd ati i blannu bylbiau'r gwanwyn rŵan gan gofio tywallt blawd esgyrn i fewn i'r twll i gyfoethogi'r pridd. Dyma gyfnod delfrydol yn ogystal i blannu blodau bythol (*perennials*), oherwydd fod y pridd yn dal yn ddigon cynnes i roi cychwyn go lew iddynt. Cofiwch eu dyfrio os cawn Haf Bach Mihangel!

Codwch y riwbob sydd dros bum mlwydd oed a'u rhannu'n blanhigion newydd gan sicrhau fod gan bob rhaniad flaguryn pinc tew iach. Cewch wledd y flwyddyn nesaf o blanhigion newydd wedyn. Casglwch yr oll sydd ar ôl o fafon yr hydref a thorri pob coeden a ffrwythodd yn ôl ar gyfer y cnwd nesaf.

Coeliwch neu beidio, mae'r adeg yma o'r flwyddyn yn dipyn gwell cyfnod i osod neu hadu lawnt newydd nac ydi'r gwanwyn. Mae'n talu paratoi'r safle a'r pridd beth bynnag cyn gwneud dim arall. Os oes gennych lawnt weddol yn barod, yna cribiniwch hi'n dda a rhoi fforch hwnt ac yma er mwyn cael aer i'r pridd. Mae'n syniad go dda hefyd bwydo'r glaswellt efo bwyd hydrefol pwrpasol.

Lle braf i weithio ynddo'r adeg hon o'r flwyddyn ydi'r tŷ gwydr. Glanhewch bob potyn sydd wedi bod yn dal planhigion yno a lladdwch bob gwiddonyn gwinwydden (*vine weevil*) y dewch ar ei draws. Rhowch y gorau i ddyfrio clust y mochyn neu'r *begonia* gan adael i'r blodyn farw. Yna codwch y gwreiddiau o'r compost a'u cadw mewn man oer, sych. Golchwch wydrau'r tŷ gwydr ac os am fentro ceisio tyfu letys a ballu drwy'r gaeaf, ystyriwch inswleiddio'r lle efo deunydd 'bybl' plastig.

Hydref

Daliwch i blannu bylbiau yn yr awyr agored. Os am blannu bylbiau mewn potiau, rhowch goeden fechan fechan fytholwyrdd yng nghanol y potyn er mwyn cael tipyn o liw dros y gaeaf a thipyn o siâp i'r tyfiant yn y pot yn y gwanwyn wrth i'r blodau dyfu y flwyddyn nesaf. Gall eiddew wneud yr un gwaith yn union ac mae yna gymaint o ddewis o eiddew efo dail gwyrdd gwahanol iawn i'w gilydd ar gael y dyddiau hyn, felly gallwch blesio'ch hun wrth ddewis. I gael sioe gyson o liw drwy gydol y gwanwyn, plannwch eich bylbiau mewn haenau yn eich potiau. Dechreuwch efo'r bylbiau sy'n blodeuo olaf yn y gwanwyn. Taenwch haenen o gompost pwrpasol ar eu pennau ac ewch ymlaen i lenwi'r potyn gan orffen gyda'r bylbiau sy'n blodeuo gyntaf. Pa fylbiau? Chi piau'r dewis ond os ydach chi eisiau cyngor am pa bryd y maent yn blodeuo, does ond eisiau gofyn!

Cofiwch fe allwch chi gael rhagflas o'r gwanwyn cyn y Nadolig trwy orfodi'r bylbiau i dyfu dan do. I wneud hyn rhaid plannu bylbiau tiwlipiau a hiasinth bron iawn ar wyneb y pridd gyda phen y bylb yn lefel efo'r pridd. Dylid plannu bylbiau saffrwm rhyw fymryn yn ddyfnach ond dylai bylbiau'r narsisws fod i'w gweld yn gwthio allan o'r pridd. Rhowch y potiau neu'r powlenni mewn lle tywyll lled oer am rhyw ddeufis ac fe welwch chi'r tyfiant newydd yn codi – yn barod i'w rhoi yn anrheg neu i'w mwynhau eich hunain yn y tŷ.

Tra mod i'n sôn am fylbiau, cofiwch godi bylbiau'r blodau'r cleddyf (*gladioli*) ar ôl iddynt orffen blodeuo ac felly hefyd cloronau (*tubers*) y begonia a'r dalia a'r canna. Sychwch y cyfan a'u cadw mewn lle sych dros y gaeaf yn barod i'w hail-blannu yn y gwanwyn.

Blodau diwedd yr haf a'r hydref ydi'r dalia, ond cyn gynted ag y gwelwch chi'r dail yn duo oherwydd ei bod yn dechrau brigo, codwch nhw i gyd. Torrwch y bonion gan adael dim ond rhyw bedair modfedd a glanhewch y pridd oddi arnynt cyn eu rhoi ar eu pennau i lawr am ryw wythnos i sychu. Gellir eu cadw tan y flwyddyn nesaf wedyn mewn bocsys llawn mawn llaith a'u rhoi yn y tŷ gwydr, sied neu ar binsh, mewn portsh go gysgodol.

Bosib fod gennych dipyn o lysiau ar ôl yn yr ardd – does dim angen codi'r cennin er enghraifft ac mae gwell blas ar ysgewyll neu sbrowts ar ôl barrug. Ar y llaw arall, dylech godi gweddill y tatws a'r moron rŵan, eu glanhau a'u cadw mewn llecyn tywyll sych. Gellir storio maros yn yr un modd unwaith y bydd eu crwyn wedi sychu a chaledu'n yr haul. Cyn gynted ag y byddwch wedi medi'r cyfan o gynnyrch yr haf, cewch gyfle i balu'r pridd a rhoi llwyth go dda o dail ynddo ddiwedd y mis i wella'r ansawdd erbyn y flwyddyn nesaf. Fydd dim rhaid gweithio'n rhy galed i gymysgu'r cyfan – gadewch i rew ac oerni'r gaeaf wneud y gwaith caled go iawn ar eich rhan. Hefyd codwch y persli a'r cennin syfi a dewch â nhw i'r tŷ i chi gael eu defnyddio drwy gydol y gaeaf. Casglwch weddill y tomatos hefyd cyn glanhau'r tŷ gwydr ar gyfer y gaeaf. Peidiwch â phoeni os nad ydi'r tomatos wedi cochi – gwnewch siytni tomatos gwyrdd hefo nhw! A dyma chi resipi arbennig iawn! Nain Ferris fyddai'n arfer gwneud hwn ac mae Mam wedi cadw ato os bydd tomatos ar gael. Triwch o i weld beth ydach chi'n feddwl ohono. Fedra i ddim cael digon ohono beth bynnag!

2¼ pwys tomatos gwyrdd	1½ pwys syltanas
1½ pwys o afalau	1½ peint o finag sbeislyd
1½ pwys nionod	¾ pwys siwgwr brown

Rhowch y tomatos, afalau a nionod yn y prosesydd bwyd i'w malu'n fân. Rhowch mewn sosban go fawr ac ychwanegwch y syltanas, siwgwr a mymryn o halen. Tywalltwch y finag ar ben y cyfan a'i gymysgu gyda llwy bren. Berwch y cyfan nes y bydd wedi twchu ac yna ei roi mewn potiau a'i selio'n ofalus. Mae'n tynnu dŵr i nannedd wrth feddwl amdano rŵan! Byddai Mam yn arfer gwneud siytni hefo'r maros y byddai Dad yn eu tyfu hefyd.

Tachwedd

Os ydach chi'n blysu am fwyta ffa ifanc efo tatws cynnar a menyn a sleisen o gig moch, wel rŵan ydi'r amser i feddwl am eu plannu! Os plannwch chi ffa 'Reina Blanca' neu 'Y Frenhines Wen' ac 'Aquadulce Claudia' sef 'Dyfroedd Melys Claudia', chewch chi mo'ch siomi! Cyfeirio at y dŵr glas sy'n llifo o'ch dannedd chi wrth feddwl am y wledd mae'r olaf mae'n siŵr! Ydi'n well ganddoch chi bys na ffa? Croeso i chi blannu pys y mis hwn er mwyn i chi gael cnwd cynnar ond bydd rhaid gofalu eu gwarchod nhw os cawn aeaf oer. Gallwch hefyd warchod llysiau ifanc drwy eu plannu mewn ffrâm oer ac os oes gennych un yn handi, mentrwch blannu ychydig o foron cynnar oddi tani. Os oes gennych chi goeden llawryf (*bay tree*), symudwch hi i gongl gysgodol os yw'n tyfu mewn potyn neu rhowch gnu gardd drosti i'w gwarchod pan fydd yn oeri.

Peth handi ar y naw ydi'r cnu gardd i gadw planhigion yn gynnes. Taenwch o dros blanhigion ifanc pan fydd barrug yn eu bygwth. Ar y llaw arall, mae'n bryd cychwyn caledu'r pys pêr wnaethoch chi eu plannu'n gynharach yn yr hydref yn y ffrâm oer. Cadwch y ffrâm yn agored mor aml ac mor hir ag sy'n bosibl pan fydd yn brigo'n ysgafn ond os aiff y tymheredd o dan -2°C (28°F), yna caewch y ffrâm a rhowch rywbeth drosti. Gwyliwch da chi am bryfaid bychan all fwyta'r planhigion ifanc hyn – nid pys pêr yn unig sy'n gwerthfawrogi cynhesrwydd ffrâm oer!

Tydi hi ddim yn amen ar gael ychydig o liw mewn potiau hyd yn oed y mis hwn. Gall bresych addurniadol neu rug y gaeaf ddod ag ychydig o liw i'r patio ac o flaen y tŷ. Cofiwch fod grug angen compost asidaidd sef yr un '*ericaceous*'. Eto, peidiwch anghofio am y cnu gardd os aiff hi'n hynod oer. A dweud y gwir, gall fod yn syniad go dda symud potiau pridd i'r tŷ gwydr neu'r sied beth bynnag gan nad ydynt yn or-hoff o farrug a rhew ac yn gallu cracio!

Os gwnaethoch chi doriadau o blanhigion bythol n'ôl ym mis Medi, maent bellach angen eu hail-blannu mewn compost aml bwrpas neu un John Innes Rhif 2. Gofalwch fod digon o aer yn cylchdroi yn y tŷ gwydr i warchod rhag hen afiechydon y gaeaf.

Dyma'r adeg orau i symud coed bythwyrdd. Tydi hon ddim yn joban un dyn – gofynnwch am help a hefo digon o fôn braich, codwch nhw hefo cymaint o wreiddiau ag sy'n bosibl. Paratoi gwely newydd ar eu cyfer ydi'r gyfrinach yma. Ychwanegwch ddigon o flawd esgyrn i'r twll a waeth beth fo'r tywydd, fe fydd angen dyfrhau'r llwyn neu goeden yn ei chartref newydd yn sylweddol ac yn gyson hyd nes y bydd wedi gwreiddio'n iawn. Er fod y gwreiddiau'n hanner cysgu, pery digon o gynhesrwydd yn y pridd o hyd i ganiatáu iddynt fagu gwreiddiau cyn i'r tywydd garw go iawn gyrraedd. Dylid rhoi darn o bren ochr yn ochr â'r llwyn neu goeden i'w dal a sicrhau hefyd fod yna gysgod i'w warchod yn erbyn y gwynt.

Yr un ydi'r cyngor efo coed a llwyni ffrwythau gwreiddiau noeth hefyd. Tydi'r coed yma ddim yn hoff o bridd sy'n rhy drwm felly dylid ychwanegu digon o sylwedd fel *silvaperl* neu gerrig mân os mai dyma'r achos yn eich gardd chi. Dyma'r adeg orau i blannu rhosod hefyd gan ofalu unwaith eto fod y twll yn ddigon dyfn i orchuddio'r grafft. Pan fydd y rhosyn yn ei le, gosodwch bren bychan ar draws y twll i wneud yn siŵr bod y pridd yn gorchuddio'r gwreiddiau'n iawn.

Tachwedd ydi'r mis i dorri rhosod, coed, llwyni a choed ffrwythau'n ôl er mwyn eu gwarchod rhag cael eu hysgwyd gan y gwyntoedd cryfion a hefyd er mwyn cryfhau'r tyfiant y flwyddyn nesaf a chreu planhigyn siapus!

Hawdd ydi magu bol a brasder wrth swatio o flaen y tân felly allan â chi i'r ardd i glirio, palu a chwalu tail a chompost. Bydd y rhew a'r barrug o help i chi yn hyn o beth oherwydd fe wnaiff y rhain a'r pryfed genwair wrth gwrs, weithio'r pridd ar eich rhan pan fydd hi'n wirioneddol rhy oer a garw i fentro allan. Cofiwch glirio – ond peidio â chael gwared â dail crin. Mi wnaiff y dail yma bydru yn damp mewn hen fagiau duon plastig neu mewn tomen gompost i greu deunydd gwych i'w chwalu ar yr ardd yn y flwyddyn newydd. Peidiwch â chlirio gormod ar yr ardd beth bynnag er mwyn i fywyd gwyllt gael lle i guddio rhag y ddrycin ac ychydig o fwyd.

Dyma'r union adeg i blannu bylbiau tiwlipiau a hiasinth gan eu bod yn blodeuo'n ddiweddarach na chennin Pedr a bylbiau eraill. Plannwch glustog nain (*sweet william*) a n'ad-fi'n angof yn awr hefyd. I sicrhau lliw, plannwch *cyclamen*, pansi'r gaeaf neu fiola mewn potiau neu yn y borderi.

Rhagfyr

Hawdd meddwl ei bod hi'n tu hwnt o dawel yn yr ardd ym mis Rhagfyr ac mi fyddech yn gywir! Ond yn hollol groes yma yn y ganolfan arddio, byddwn dan ein sang efo coed ac addurniadau'r Nadolig tan y funud olaf ac wrthi yr un mor brysur yn creu basgedi a thorchau rŵan ag yr ydan ni yn yr haf! Nid mod i'n cwyno cofiwch – busnes ydi busnes! Daw Siôn Corn heibio ar ddechrau'r mis yn ogystal ac mae o'n ein helpu i ddenu mwy byth o gwsmeriaid er mai rhoi ac nid gwerthu ei nwyddau y bydd o!

Ar y llaw arall mae gwaith i'w wneud yn yr ardd o hyd. Mi wnaiff awyr iach a gwaith bôn braich fyd o les i chi yr adeg yma o'r flwyddyn a fydd dim rhaid i chi feddwl am golli pwysau ym mis Ionawr wedi mynychu'r gampfa werdd y mis hwn!

Tybed wnaethoch chi ofyn i Siôn Corn ddod a theclyn i brofi sut fath o bridd sydd gennych yn yr ardd? Os buoch ddigon ffodus i dderbyn un neu efallai'n berchen ar un yn barod, wel rŵan ydi'r amser i'w ddefnyddio er mwyn gweld sut fath o bridd sydd gennych. Os yw'r ardd ar garreg galch, y tebyg yw bydd y pridd yn galchog ac yn gwbl anaddas i blanhigion fel tri lliw ar ddeg sy'n hoffi pridd asidaidd. Wedi dadansoddi lefel pH y pridd, gallwch wedyn fynd ati i wella'r ansawdd gyda chompost neu dail fferm yn ôl y gofyn a'i adael i rew a barrug y gaeaf roi help llaw i chi trwy ei dorri lawr a'i gymysgu yn iawn i'r pridd. Mae hyn yn hynod o bwysig os ydi'ch pridd yn dueddol o fod yn drwm a chleiog.

Os pery'r tywydd yn sych, gellir parhau i blannu coed bytholwyrdd. Os gwnaethoch chi brynu coeden Nadolig hefo gwreiddiau wrthi, gellir ei chadw'n y tŷ tan Nos Ystwyll ac wedyn ei phlannu allan – siawns na fyddwch yn barod am y Nadolig nesaf wedyn! Y gyfrinach fawr i blannu llwyddiannus ydi paratoi twll ddigon dyfn yn gyntaf yna codi'r goeden neu'r llwyn hefo cyn gymaint o'r belen wreiddiau ag y gallwch a'i ail-blannu cyn gynted ag sy'n bosibl cyn i'r gwreiddiau sychu. Clymwch y goeden wrth bolyn go gadarn er mwyn rhoi mymryn o gryfder i'r planhigyn yn ei gartref newydd hyd nes y bydd wedi ail wreiddio. Gallwch blannu coed a llwyni bychan mewn potiau os ydi'n weddol braf. Defnyddiwch gompost plannu John Innes Rhif 3 gan J. Arthur Bower i roi cychwyn tan gamp iddynt.

Bydd yn talu ar ei ganfed i chi barhau i baratoi ar gyfer y gwanwyn nesaf. Cliriwch weddillion yr ardd lysiau a'u rhoi ar y domen gompost. Cliriwch yr holl ddail sy'n casglu ar y lawnt – gall gadael dail yno achosi problemau a bod yn fagwrfa i bob math o afiechydon. Ceisiwch beidio cerdded ar y lawnt os yw'r tywydd yn wlyb neu'n farugog. Gallwch hambygio'r gwellt a chreu rhychau yn hawdd. Tra mod i'n sôn am gompost, rhowch bob tamaid o groen llysiau megis dail sbrowts, rwdan, pannas a moron yn eich tomen – siawns nad oes digon gennych a hithau'n Dolig. Yn yr un modd, dylid cadw pob plisgyn ŵy – dyma'r ffordd orau i gadw malwod draw oddi wrth eich planhigion yn ystod y tymor tyfu os am fod yn arddwr organig! Manteisiwch ar y gaeaf i lanhau'r peiriant torri gwellt – byddwch yn du hwnt o falch eich bod wedi gwneud hyn pan fydd y gwanwyn yn cyrraedd! Gwagiwch y tanc petrol hefyd ac os mai peiriant trydan sydd gennych, glanhewch o'n drylwyr a rhoi olew iddo. Peidiwch ag anghofio y rhaw a'r fforch yna chwaith – fydd fawr o drefn ar offer wedi rhydu!

Os oes gennych dŷ gwydr pren, rhowch got o gyffur cadw pwrpasol iddo rŵan i gadw'r coedyn rhag pydru. Hefyd, mae hen lwydni yn gallu effeithio ar blanhigion sy'n cael eu cadw'n y tŷ gwydr dros y gaeaf ac mae angen cael gwared â phob deilen a blodyn sydd wedi hanner marw cyn iddyn nhw ddenu pla a chlefyd i hambygio'r cyfan. Os bydd yn goblyn o oer, mae'n syniad da leinio'r gwydr efo deunydd

Blas ar farchnad y Nadolig yn Nhyddyn Sachau

plastig pwrpasol sy'n fybls bach drosto! Cadwch olwg am bryfed bach gwyrdd a gwyn – ia, yr union rai sy'n bla yn yr haf! Mae'r cnafon bach yn tueddu i ystyried tai gwydr fel cartrefi clyd a chynnes dros y gaeaf gan achosi trafferthion lu yno! Os oes gennych *azaleas* yn y tŷ gwydr, dylid eu dyfrio efo dŵr glaw a'u bwydo efo hylif grugaidd (*ericaceous*). Os am fynd â hwy i'r tŷ, dylid eu trin yn union yr un peth.

Tydi hi ddim wastad yn bwrw yn y gaeaf! Efallai y bydd eich potiau blodau gaeaf angen dŵr bob hyn a hyn os deil yn sych. Diffyg dyfrio sy'n lladd planhigion bytholwyrdd drud coeliwch neu beidio fel arfer yn y gaeaf ac nid y tywydd.

Cymerwch doriadau o goed cyraints duon ac eirin Mair rŵan. Torrwch ddarnau tua deg i ddeuddeng modfedd o hyd a chladdwch nhw at eu hanner mewn rhych fas mewn llecyn agored yn yr ardd. Mae'r mis hwn yn un da i docio coed ffrwythau. Bwriad hyn oll ydi cael y cnwd gorau, iachaf posib y flwyddyn nesaf. Torrwch y coed fel nad oes brigau'n croesi a chyffwrdd ei gilydd a cheisiwch greu ffurf mor agored ag sy'n bosib ar bob coeden.

Ydi'r sbrowts yn dod yn eu blaen gennych chi? Cofiwch gasglu'r sbrowten waelod ar y bonyn bob tro er mwyn sicrhau y bydd y planhigyn yn dal i gynhyrchu rhai bychan newydd ar y pen.

Os oes gennych berlysiau'n dal y tu allan, pam na photiwch ryw sbrigyn neu ddau a dod â nhw i'r tŷ tan y tywydd braf. Ydi'r planhigion tal wedi eu clymu i gansen go debol? Pethau da ar y naw i glymu planhigion yn ddiogel ydi pâr o hen deits! Fel bydd yn planhigyn yn tyfu, bydd y neilon yn ymestyn ac nid yn torri fewn i'r coesyn. Bydd rhaid clymu dail planhigion megis *phormiums* a'r *cordyline* at ei gilydd beth bynnag a rhoi cnu neu ddeunydd plastig bybl amdanyn nhw i'w gwarchod rhag y rhew.

Mae cael peth wmbredd o fywyd gwyllt yn yr ardd yn help garw i unrhyw arddwr. Dyma'r ffordd fwyaf naturiol o reoli pryfetach ac yn y blaen. Felly cofiwch am yr adar a'r anifeiliaid fydd yn chwilio am fwyd drwy fisoedd oer y gaeaf. Peidiwch, er enghraifft, â chymryd yr holl gelyn coch i addurno'r tŷ – gadewch beth i'r adar. Rhowch fwyd allan iddyn nhw hefyd gan gofio cadw unrhyw ddŵr yn rhydd o rew os bydd yn rhewi. A dweud y gwir, pam nad ewch chi ati, tra eisteddwch yn gyfforddus o

Rhesi lliwgar o flodau – Rhagfyr 1972

flaen tanllwyth o dân yn sglaffio mins pei a rhyw lasied wrth eich penelin, i gynllunio llyn bychan yn yr ardd i ddenu pob math o greaduriaid fydd yn talu'n ôl i chi drwy ddatrys problemau pryfed y gwanwyn nesaf.

Tydi'r gaeaf ddim yn dymor di-liw. Bydd perthi'n aeron coch a sawl math o goed celyn gyda dail o liwiau amrywiol. Bydd coch, gwyn, gwyrdd ac aur planhigion fel y poinsetia, syclamen, jasmin y gaeaf a'r *elaeagnus limelight* yn dymhorol iawn ac yn llonni'r galon ar ddiwrnod llwyd a diflas. Galwch draw i weld ein harddangosfa liwgar o flodau a llwyni'r gaeaf cyn y Nadolig – anrhegion gwerth chweil i rywun!

Oes, mae rhywbeth i'w wneud yn yr ardd gydol y flwyddyn. Y gyfrinach ydi peidio gadael i bethau fynd yn drech na chi a gobeithio bydd yr awgrymiadau hyn o fantais i chi greu eich Eden chi eich hun! Efallai eu bod yn swnio yn hirfaith ac yn torri eich calon, ond dylid cofio mai argymhellion cyffredinol ydi'r rhain! Dydi gerddi pawb ddim o'r un maint a dydi pawb ddim yn tyfu yr un pethau. Cewch felly ddewis a dethol pa gynghorion sydd yn gweddu i'ch gardd chi. Y peth pwysig ydi eich bod yn mwynhau gwneud yr hyn â wnewch! Yng ngeiriau yr arddwraig enwog Vita Sackville-West:

'Yr hyn sy'n nodedig am arddwyr yw eu bod bob amser yn optimistaidd, yn fentrus ond byth yn fodlon. Maent o hyd yn edrych ymlaen i wneud rhywbeth yn well nac â wnaethent erioed o'r blaen.'

Torchi llewys amdani felly a phalu'n ddwfn i'r pridd, wedi i chi alw yma yn Nhyddyn Sachau am eich anghenion garddio!

Syniad Da

Y bobl, y busnes – a byw breuddwyd

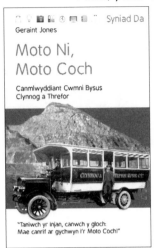

Moto Ni, Moto Coch
Canmlwyddiant y cwmni bysus cydweithredol ym mhentrefi Clynnog a Threfor

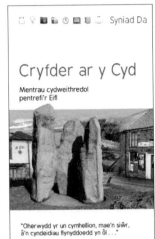
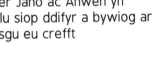

Mentrau Cydweithredol Pentrefi'r Eifl:
Nant Gwrtheyrn; Tafarn y Fic; Siop Llithfaen, Garej Clynnog, Antur Aelhaearn

Trin Gwalltiau yng Nghricieth
Menter Jano ac Anwen yn sefydlu siop ddifyr a bywiog ar ôl dysgu eu crefft

Caelloi Cymru:
cwmni bysys moethus o Lŷn sy'n ddolen rhwng Cymru ac Ewrop